Alfred Heinrich

Lukian und Horaz

Alfred Heinrich

Lukian und Horaz

ISBN/EAN: 9783742894748

Hergestellt in Europa, USA, Kanada, Australien, Japan

Cover: Foto ©Thomas Meinert / pixelio.de

Manufactured and distributed by brebook publishing software (www.brebook.com)

Alfred Heinrich

Lukian und Horaz

Jahresbericht

des

Staats-Gymnasiums

in Graz.

Veröffentlicht

am Schlusse des Studien-Jahres

1885

vom

Dr. Ferdinand Maurer.

Lukian und Horaz.

> Woher ich dies und das genommen?
> Was geht's euch an, wenn es nur mein ward!
> Fragt ihr, ist das Gewölb vollkommen,
> Woher gebrochen jeder Stein ward?
> *Geibel.*

Das Alterthum war in der Wiedergabe dessen, was schon einmal seinen glücklichen Ausdruck gefunden, harmloser als wir Moderne und hatte überall seine Freude an Citaten, wie ein verdienter Horazerklärer treffend bemerkt. Unter den Griechen findet sich kaum einer, auf den dies mit mehr Recht Anwendung fände, als auf Lukian. Wie der seinen Homer und Euripides auszubeuten verstand, wie er ihn citierte und parodierte, weiß jeder, der nur einiges von Lukian gelesen hat. Aber jene beiden Dichter sind nur die am häufigsten benutzten. Aus der ganzen griechischen Litteratur nimmt er, was er braucht, und es ist kein Zweifel, dafs sich noch für manches Lukiancitat die Quelle finden wird.[1]) Hat aber Lukian nur die Griechen gekannt und benützt? Wie steht es mit den Römern? Es ist bekannt, dafs sich in manchen Werken Lukians Wendungen finden, die mit gewissen Stellen der Satiren des Horaz eine überraschende Ähnlichkeit haben. Seit Wieland wurde darauf wiederholt aufmerksam gemacht, und namentlich versuchten Theod. Fritzsche (Menipp und Horaz, ein Beitrag zur Gesch. d. Satire. Güstrow 1871), Herrn. Fritzsche (Des Q. Horatius Flaccus Sermonen, herausgeg. u. erkl., S. 31) und M. Hertz (Analecta ad carminum Horat. historiam III. S. 7. im Ind. lect. Univ. Vratislav. 1879) diese frappante Erscheinung zu erklären. Dafs der Zufall dabei im Spiele sei, ist bei der Menge der mitunter wörtlich übereinstimmenden Stellen schlechterdings undenkbar[2]) Bleiben also nur zwei Fälle: Entweder haben beide Schriftsteller aus der nämlichen Quelle ge-

---

[1]) Einige interessante Nachweise hat der Amerikaner B. L. Gildersleeve beigebracht, Johns Hopkins University Circulars Nr. 29, (March) 1884, S. 51 f. Lucianea.

[2]) Nur der Recensent über die genannte Schrift von Theod. Fritzsche, C. W.(achsmuth) im Philol. Anzeiger 1872 (IV) S. 198 scheint dies anzunehmen; er dürfte aber nicht alle bezüglichen Stellen gekannt haben.

schöpft oder hat Lukian den Horaz gekannt und nachgeahmt. Erstere behauptet Theod. Fritzsche. In seinem „Beitrag zur Geschichte der Satire" sucht er nachzuweisen, dafs sich die römische satura in ihrer zweiten (und dritten) Periode unter griechischem Einflusse entwickelt habe. Horaz be zeichne selbst den Bion Borysthenita als einen Vorgänger in seiner Satire (epist. II., 2, 60), Bion sei aber dem Menipp in Bezug auf Form und Tor der Darstellung vorausgegangen (da er nach Diog. Laert. IV, 52 πρῶτος τὴν φιλοσοφίαν ἀνθινὰ ἐνέδυσεν, wozu Welker, Proll. in Theognid. reliqu p. LXXXV) und zwischen ihm und Timon aus Phlius finde wieder eine bemerkenswerte Wahlverwandtschaft statt. Denn Timon habe seine Sillen zum Theil in dialogischer Form verfasst und im Parodieren Geschick be währt. Da nun auch die Satire Lukians, die wesentlich aus der Menippe ischen abzuleiten sei, diese beiden Eigenschaften zeige, so könne man annehmen, dafs Menipp dem Lukian die genannten beiden Eigenschafter vermittelt und ihn zum Studium Timons geführt habe. Dafs Lukian wirklich von Menipp entlehnte, beweise die Beschwerde, welche der Dialogos in Bis accusatus 33 gegen Lukian führe und gehe auch aus anderen Steller z. B. Piscat. 26 hervor. Was nun Horaz anbetrifft, so seien wohl ohne Zweifel dem vielbelesenen Dichter Varros menippeische Satiren bekann gewesen. Wenn er ihrer nun keine Erwähnung thue — Anlafs hätte er oft genug dazu gehabt — so liege hiebei offenbar eine Absichtlichkei des bedenklichen und den Anstoß an maßgebender Stelle ängstlich ver meidenden Horaz vor — gerade so wie Horaz nicht zufällig über der Cardinalpunkt, wodurch sich seine Satire von der des Lucilius unterscheide — die politische Anschauung — hinweggegangen sei. Vielleicht habe der Horaz gerade das Bewufstsein der menippeischen Satire wesentliche Eigen schaften entlehnt zu haben, die seine Satire, in entschiedenem Contraste zu der streng republicanischen des Lucilius, zu einer rein monarchischen stem pelten, zum Verschweigen seiner Quelle veranlafst. Wenn ferner Horaz die Bionei sermones erwähnt, so constatiere er dadurch einen materiellen Zu sammenhang zwischen Bion und Lucilius, somit auch zwischen Bion und sich, und hiernach liege auch eine indirecte Beziehung auf Menipp und Varro darin. Dafs dieser dargelegte Zusammenhang auch wirklich vor handen sei, dafür sei der Umstand ein Beweis, dafs Horaz und Lukian in mehreren Punkten übereinstimmen. Ausführlich bespricht nun Fritzsche die Verwandtschaft von Hor. sat. I, 1, 20 und Lukian, Ikaromenipp. 26 indem er bemerkt, die Horazstelle würde erst durch die Lukianstelle ver ständlich, wo uns Zeus vorgeführt wird, der die ungerechten Wünsche der Menschen zur Erde hinunterbläst. So würde Horaz auch in manchen anderen Fällen erst durch Lukian völlig verstanden werden. Was die angeführten Stellen aus Lukians Ikaromenippus und Horazens erster Satire anbetrifft, so lassen sich beide durchaus nicht vergleichen. Denn bei Horaz ist Juppiter über die unzufriedenen Bittsteller zornig und schreit ihnen mit voller

Backen entgegen, er werde sie künftig nicht mehr hören; bei Lukian bläst er die ungerechten Wünsche der Menschen aus dem Himmel zurück.[1]) Dafs Lukian dem Menipp viel verdankt ist unzweifelhaft richtig, obschon man nicht zu weit gehen darf, wegen Prom. in verbis 7 τὸ γὰρ τῆς κλεπτικῆς — ἄπαγε. τοῦτο μόνον οὐκ ἄν εἴποις ἐνεῖναι τοῖς ἡμετέροις· ἢ παρὰ τοῦ γὰρ ἂν ἐκλέπτομεν; εἰ μὴ ἄρα τις ἐμὲ διέλαθε τοιούτους πιτυοκάμπτας καὶ τραγελάφους καὶ αὐτὸς συντεθεικώς. Denn dafs, wie Fritzsche S. 20 bemerkt, es dem Lukian an dieser Stelle sehr daran gelegen war, sich nicht auch noch wegen seiner Entlehnungen aus Menipp vertheidigen zu müssen, weil er seiner so schon schlechten Sache durch Erwähnung des Menipp noch mehr geschadet hätte, ist mir nicht ersichtlich. Hätte er dem Menipp sehr viel, hätte er ihm das Wesentlichste zu verdanken gehabt und sich trotzdem auf ihn nicht berufen, so wäre das ganze Schriftchen ein eitles Lügengewebe. Indessen mag Lukian damals den Menipp noch nicht so eifrig studiert haben als später. Aber den Nachweis, dafs auch Horaz aus Menipp geschöpft habe, hat Th. Fritzsche nicht erbracht. Bei dem fast spurlosen Untergang aller Menippeischen Schriften ist dies natürlich äußerst schwierig; aber das dünne Gewebe, durch welches Fritzsche die Satire des Horaz mit Bion und Menipp verbinden will, ist doch nicht geeignet, uns die Überzeugung einer bewufsten Ausbeutung des Menipp durch Horaz zu verschaffen. Man sieht den Zusammenhang nicht ein. Der Ausdruck „Bionei sermones", den Horaz ep. II. 2, 60 gebraucht, läfst keinen sicheren Schlufs zu. Der Name Bions ist völlig Nebensache und nur der bekannten Manier der römischen Dichter zu verdanken ein Appellativum zu individualisieren; er steht also ganz wie venena Colcha bei Hor. carm. II, 13, 8, oder wie Medusaeum monstrum bei Ovid. met. X, 22 und zahllose andere von Eigennamen hergeleitete Adjectiva. An die feine Selbstironie, die in dem Ausdruck Bionei sermones deshalb liegen soll, weil von Horazens Vater Sueton dasselbe Bonmot erzählt wie Diogenes v. Laerte IV, 7, 46 von Bions Vater (dafs er eigentlich ein Salzfischhändler gewesen sei, cubito emungens = τῷ ἀγκῶνι ἀπομυσσόμενος), darf man schon aus dem Grunde nicht glauben, weil diese Anekdote sicherlich aus einer Rhetorenschule stammt und ein Einschiebsel ist.[2]) Somit zerreißt das ganze Gewebe.

Herm. Fritzsche (in der Einleitung zur Ausgabe der Sermonen, S. 8 ff.) äußert sich vorsichtig. Er findet zwischen der satura Menippea des Varro und der Satire des Horaz eine ziemliche Anzahl Berührungspunkte und

---

[1]) Vergl. Philol. Anzeiger a. a. O.
[2]) Roth, zur vita Horatii Rhein. Mus. XIII S. 527, zeigt, dafs gerade dies ein in Rhetorenschulen häufig gebrauchtes Beispiel ist. Die älteste Stelle, an der es vorkommt, ist im auctor ad Herennium IV, 54, also aus einer Zeit, in der Horaz noch nicht geboren war. Dort heißt es: per consequentiam significatio est quom res, quae secuntur aliquam rem, dicuntur, ex quibus tota res relinquitur in suspitione, ut si salsamentarii filio dicas: quiesce tu, cuius pater cubitis emungi solebat.

hält es nun für undenkbar, dafs Horaz das Original zu Varros Satire, d. h. die griechischen Schriften Menipps nicht sollte gekannt haben, da er doch offenbar die Copie desselben, eben die satura Menippea des Reatiners, kannte. Er kommt zu dem Schlusse (S. 34): Es ist sehr wahrscheinlich, dafs nicht blofs Varro und Lukian, sondern auch Horaz Gedankengut des Menippus — bewufst oder unbewufst — namentlich in der fünften Satire des zweiten Buches — neu umgegossen habe. M. Hertz (a. a. O.) schliefst sich dieser Ansicht an.

Das Wichtigste ist wie man sieht, die Frage, ob Horaz den Menipp benutzt hat. Einen Angelpunkt hätten wir, wenn wir den Grund wüfsten, warum er Varros Satirendichtung mit Stillschweigen übergeht. Es gewinnt den Anschein, dafs das Schweigen über beide in ebenso engem Zusammenhange stehe, als die beiden selbst. Nach der gewöhnlichen Annahme erklärt sich das räthselhafte Schweigen daraus, dafs Horaz den hochbetagten, verdienten Gelehrten nicht kränken wollte, was nothwendigerweise hätte geschehen müssen, wenn er auf die Poesie Varros zu sprechen gekommen wäre, der sammt seinem Anhange zu Horazens litterarischen Gegnern zählte. (Th. Bergk, Commentat. de reliquiis comoediae Atticae antiquae, S. 147.) Auch die monströse Form der Menippeen mufste Horaz anwidern. Man wird in letzterem auch den Grund suchen müssen, weshalb Menipp selbst von Horaz gänzlich ignoriert wird. Er erwähnt ihn nirgends; aber dann hat er ihn auch gewifs nicht nachgeahmt. Bedenkt man, dafs Horaz selbst seinen Ruhm nicht durch seine satirischen, sondern durch seine lyrischen Gedichte begründet zu haben glaubte, und nichtsdestoweniger sich ungescheut und offen als einen Nachahmer des Alkaios bekennt (ep. I, 19, 32 Hunc [Alcaeum] ego, non alio dictum prius ore, Latinus | volgavi fidicen) so müfste es doch wahrlich Wunder nehmen, wenn er den Menipp benutzt und doch verschwiegen hätte. Gerade das Bewufstsein, dem Griechen Wesentliches entlehnt zu haben, hätte ihn zwingen müssen, seine Quelle zu nennen. Wie hat Horaz den Alkaios ausgebeutet! Wir ertappen ihn auf manch erfolgreichem litterarischen Beutezuge, den er im Gebiete des lesbischen Dichters unternommen.[1]) Hätte nun Horaz wirklich die Schriften Menipps benutzt, er müfste sie geradezu geplündert haben, seine Satiren müfsten von Menippeischer Weisheit triefen, wenn trotz ihrer geringen Anzahl sich

---

[1]) Wenn man auch seit Th. Arnold (Von den griech. Studien des Horaz, Halle 1855. Progr. d. lat. Hauptschule) Horazens lyrischer Dichtung nicht gerecht geworden ist, da man eine zu sclavische Nachahmung der Griechen in ihr sah, so hat doch auch das Buch von H. Th. Plüfs (Horazstudien, Leipzig 1882) die Bedenken gegen die Originalität der Horazischen Lyrik nicht ganz zerstreuen können. Es bleibt (trotz Plüfs' Behauptung S. 44) richtig, dafs das volle Verständnis mancher Gedichte von dem griechischen Original abhängt. Wer ist z. B. über die Archytas-Ode völlig im reinen? Adams Abhandlung im Progr. d. Gym. zu Patschkau 1891 befriedigt nicht. Jedenfalls ist Horaz in diesem Gedichte nicht originell. Vgl. Rosenberg, die Lyrik des Horaz, 1888, S. 158, 14.

zwischen ihnen und anderen aus Menipp abgeleiteten Schriften so zahlreiche Anklänge finden. Wo bleibt dann die Originalität des Horaz in der Satire? Die Ursache, weshalb Horaz den Menipp übergeht, lag jedenfalls in dem Inhalt der Schriften des Kynikers. Horaz mag die Kyniker überhaupt nicht. Er spricht nie von ihnen. Nur epist. I, 17, 18 erwähnt er den Gegner des Aristipp den mordax cynicus (Diogenes) und zeigt, dafs Aristipps Lebensansicht die bessere ist. In Rom selbst galten nur Epikureer und Stoiker. Umsoweniger nahm Horaz Anlafs, sich mit dem Kynismus eines Menipp zu beschäftigen. Auch die Form, dies Gemenge von Poesie und Prosa, stieß den feinfühligen Römer ab, der sich an den besten Mustern der Griechen gebildet hatte. Die abnorme Grobheit, mit der Lukian auf die Philosophen seiner Zeit losschlägt, die ätzende Spottlauge, die er über sie ausgießt, die giftigen Pfeile, mit denen er nicht bloß die aufgeblasenen und dünkelhaften Thoren unter ihnen überschüttet (seine Polemik gleicht den Keulenschlägen Schopenhauers gegen die Katheder-Philosophen), gestatten einen Schlufs auf die Manier, deren sich Menipp gegen seine Zunftgenossen bedient haben mag. Solches Verfahren konnte unmöglich für Horaz etwas anziehendes haben. Sein Spott über die Stoiker ist ja harmlos dagegen. Nun dürfen wir uns auch nicht wundern, wenn Terentius Varro Reatinus stillschweigend übergangen wird. Der Ton, den Varro im Sinne Menipps schreibend gegen die Philosophie im allgemeinen anschlug (vgl. die bekannten Fragmente 122 [Bücheler]: Postremo nemo aegrotus quicquam somniat tam infandum, quod non aliquis dicat philosophus; und 404: Si quantum operae sumpsisti ut tuus pistor bonum faceret panem, eius duodecimam philosophiae dedisses, ipse bonus iam pridem esses factus. Nunc illum qui norunt, volunt emere milibus centum, te qui novit nemo centussis. Ferner noch 43, 81, 210, 419, 583) war nicht im Geschmacke des Horaz, der in Athen mit Eifer Philosophie studiert und gelernt hatte (epist. II, 2, 45) inter silvas Academi quaerere verum. Es ist nicht leicht über Varro als Philosophen zu urtheilen. Madvig (Excurs IV zu Cic. de finibus p. 824) spricht dem Varo überhaupt die philosophische Begabung ab, welches Urtheil Ritschl (Rhein. Mus. VI, S. 503) nicht ungerecht nennt. Nach dem was Augustinus de civitate dei XIX, 1, von ihm erzählt, scheint er über der Form die Sache arg vernachlässigt zu haben; er erscheint dort als ein classificierender philosophischer Pedant, dem es darum zu thun ist, nur Alles in eine Kategorie zu bringen. Und so hat er es denn von vier Dingen ausgehend, welche die Menschen sine ullo doctrinae adminiculo . . . velut naturaliter appetunt (nämlich: voluptas, quies, utrumque [!], prima naturae) durch Theilung und Untertheilung glücklich so weit gebracht, 288 wenn auch nicht wirklich existierende, so doch mögliche philosophische Secten zu zählen. Aus den Menippeischen Fragmenten kann man nicht die Ueberzeugung gewinnen, dafs es ihm mit der Philosophie Ernst war. Räthselhaft ist freilich die Bemerkung, die er bei Cicero (Acad. poster. I, 2, 8) macht, wonach in den Menippeen multa admixta ex intima philosophia sich befände. Es sieht aus, als ob er dies nur des Spasses halber hineingethan habe. Franz Fritzsche in der Ausgabe Lukians II, 2, Prolegg. de Hermotimo S. XXIX sagt: quae ex interiore philosophiae Graecae sacrario deprompta erant, Varro pleraque accepta Menippo rettulerat. Die zweite bekannte Stelle aus Cic. Acad. post. I, 3, 9 plurimumque idem etc., worin Cicero zu Varro sagt: philosophiamque multis locis inchoasti, ad impellendum satis, ad edocendum parum, kann man wegen des Ausdruckes poëma schwerlich auf die Menippeen beziehen. Herm. Fritzsche behauptet aber (a. a. O. S. 27.) dafs uns eine ziemliche Anzahl Verse bei Horaz unwillkürlich zu Varro hinziehe. Er führt in der That 22 Stellen an. Eine Prüfung derselben ergibt jedoch nur bei sehr wenigen eine gewisse Ähnlichkeit:

Hor. sat. I, 2, 25. Maltinus tunicis demissis ambulat; est qui | inguen ad obscenum subductis usque facetus; dazu Varro, Menipp. Frgm. 301 B. (Riese S. 166, Meleagri): non modo suris apertis, sed paene natibus apertis ambulans und (302:) cum etiam Thais Menandri tunicam demissam habeat ad talos.

Hor. sat. II, 3, 81. Damasipp der Stoiker sagt doceo insanire omnes vos, ordine adite. | Danda est ellebori multo pars maxima avaris. Dazu Varro Frg. 126 B. (R. S. 128, Eumenides) denique qui sit avarus sanus? (das übrige thut nichts zur Sache).

Hor. epist. I, 2, 47. Non domus et fundus non aeris acervus et auri | aegroto domini deduxit corpore febris, | non animo curas: valeat possessor oportet, | si comportatis rebus bene cogitat uti. Dazu Varro Frgm. 36 B. (R. S. 103 'Ανθρωπόπολις): non fit thesauris, non auro pectu' solutum; non demunt animis curas ac religiones Persarum montes, non atria diviti' Crassi.

Das letzte Beispiel betrifft einen sehr allgemeinen und naheliegenden Gedanken, in welchem die zufällige Übereinstimmung zweier nicht markanter Worte nichts beweist. Die zweite angeführte Stelle betrifft einen oft genug besprochenen Lehrsatz der Stoiker und ist daher belanglos. An eine Entlehnung könnte man höchstens bei der ersten denken, und da mufs es nicht sein; denn die Beobachtung wird Horaz auch selbständig haben machen können.

Gar nichts beweist natürlich die Ähnlichkeit von Hor. sat. I, 3, 124 Si dives qui sapiens est, | et sutor bonus et solus formonsus et est rex, mit Varro Frgm. 245 B (R. S. 156) Solus rex, solus rhetor, solus formonsus etc., denn dieses Paradoxon war sozusagen das allbekannte gang und gäbe Wahrzeichen der Stoiker (schon von Cicero pro Mur. XXIX, 61 besprochen, auch Lucilius Frgm. inc. 24 hat es); zudem zeigt die Formulierung bei Horaz, dafs er dies als Axiom citiert, um daraus einen Schlufs zu ziehen. Endlich die auffallende Gleichheit zwischen Hor. (nicht sat. I,

3, 56 sondern) epist. I, 2, 69 Quo semel est imbuta recens servabit odorem | testa diu; und: sapiunt vasa quicquid primum acceperunt, darf nicht berührt werden, da dieser Satz aus den sententiae Varronis (58 a Riese S. 267) stammt, von denen vielleicht einige auf den Reatiner Varro zurückgehen; doch rühren sie kaum aus den Satiren Varros her, da schon die Sprache einen ganz anderen Charakter trägt. Alle übrigen von Fritzsche angeführten Stellen sind sehr harmlos; an eine bewufste Entlehnung ist dabei nicht zu denken. Es sind folgende:

Hor. sat. I, 5, 9/10. Jam nox inducere terris | umbras et caelo diffundere signa parabat — Varro Frgm. 269 B (R. S. 161, Marcipor): repente noctis circiter meridie, cum pictus aer fervidis late ignibus caeli chorean astricen ostenderet; in Verbindung mit dem Folgenden:

Hor. sat. I, 5, 13. Dum aes exigitur dum mula ligatur | tota abit hora — Varro Frg. 275 B (R. S. 161): hic in ambivio navem conscendimus palustrem, quam nautici equisones per ulvam (statt per viam) ducerent loro.

Hor. sat. I, 6, 109. lasanum portantes oenophorumque — Varro Frgm. 262 B (R. S. 160 Magnum talentum) lecto strato matellam, lucernam, ceteras res esui usuique prae se portant.

Hor. sat. II, 2, 1. Quae virtus . . . sit vivere parvo — Varro Frgm. 488 B (R. S. 217 Sexagessis) Ergo tum Romae parce pureque pudentis vixere.

Hor. sat. II, 2, 53. Sordidus a tenui victu distabit — Varro Frgm. 339 B (R. S. 176 nescis quid vesper serus vehat) dominum autem convivii esse oportet non tam lautum quam sine sordibus.

Hor. sat. II, 2, 7⁴/₅. At simul assis | miscueris elixa . . . | dulcia se in bilem vertent — Varro Frgm. 341 B (R. S. 176) bellaria ea maxime sunt mellita quae mellita non sunt, πέμμασιν enim cum πέψει societas infida. Hier ist πέμμα Backwerk, Naschwerk, τραγήματα, assum aber ist ein Braten.

Hor. sat. II, 2, 77. Corpus onustum | hesternis vitiis — Varro Frgm. 137 (R. S. 128 Eumenides) tu non insanis, quom tibi vino corpus corrumpis mero?

Hor. sat. II, 2, 135/6. Quocirca vivite fortes | fortiaque adversis opponite pectora rebus. — Varro Frgm. 172 (R. S. 137 ἔχω δε) sapiens et bonum ferre potest modice et malum fortiter aut leviter.

Hor. sat. II, 3, 121. Morbo iactatur eodem — Varro Frgm. 126, 3 morbo stimulatus eodem. Ähnlicher Versausgang, das ist alles!

Hor. sat. II, 3, 197—198. Mille ovium insanus morti dedit, inclitum Ulixen | et Menelaum una mecum se occidere clamans. — Varro Frgm. 125 (R. S. 127 Eumenides). Aiax tum credit ferro se caedere Ulixem, cum bacchans silvam caedit porcosque trucidat. Die Anführung der gleichen Sage beweist nichts. Auch sind beiderseits gänzlich verschiedene Ausdrücke.

Hor. sat. II, 4, 33. Ostrea Circeis, Miseno oriuntur echini. — Varro Frgm. 173 B (R. S. 138 ἕως πότε) non posse ostrea se Romae praebere et echinos. Zufällige Erwähnung zweier beliebter Leckerbissen, in ganz verschiedenem Zusammenhange.

So finden sich also bei Horaz keine sicheren Spuren einer Benutzung des Varro trotz der 591 Fragmente bei Bücheler. Zieht man des Contrastes halber Lucilius zur Vergleichung heran, dessen Fragmente auch nicht umfangreicher sind, als die des Varro in der Satirendichtung, so lassen sich Entlehnungen des Horaz nicht nur was Stoff und Behandlung betrifft (wie er für sein iter Brundisinum sich die Beschreibung einer Reise des Lucilius von Rom über Capua nach Regium zum Muster genommen hat, nach dem Scholiasten des Cruquius), sondern auch im Einzelnen mit vollster Gewifsheit nachweisen. Dies bemerkt schon Porphyrio zu Hor. sat. I, 5, 104 unter Anführung des betreffenden Verses aus Lucilius. Übrigens vgl. Iltgen, De Horatio Lucilii aemulo, Gymn.-Progr. Montabaur, 1872; besonders die Gegenüberstellung von S. 14 ff. Auch Luc. Mueller, C. Lucili saturarum reliquiae, S. XIII extr. Dieser Mangel an Beziehungen zwischen Horaz und Varro beweist überdies, dafs Horaz auch nicht aus Menipp geschöpft hat, da sich eine Benutzung dieses Autors in Übereinstimmungen zwischen Horaz und Varro abspiegeln müfste. Wenn man unter den Schriften des Menipp bei Diogenes L. VI, 101 eine νέκυια angeführt findet, so wird man vielleicht geneigt sein, Horazens Teiresias-Satire darauf zurückzuführen [1]) Wäre dies richtig, so müfste man in Lukians Μένιππος ἢ νεκρομαντεία, die wie allgemein angenommen wird, unter dem Einflusse Menipps entstanden ist, irgendwelche Ähnlichkeiten entdecken können. Aber gerade hier findet sich nicht das geringste. Ja Inhalt wie Anlage sind ganz verschieden. Bei Horaz ist die ganze Belehrung über die Erbschleicherei ohne irgend welche weitere Bemerkung dem Teiresias in den Mund gelegt. Bei Lukian weiß man nicht, worauf das Hauptgewicht zu legen ist, ob auf die ausführliche Beschreibung der Reise in die Unterwelt oder ob, wie der Anfang erwarten läfst, nur auf cap. 21, d. h. auf die Belehrung des Teiresias über den ἄριστος βίος, die der Seher schließlich — nicht gibt. Nichtsdestoweniger darf man das Werk dem Lukian nicht absprechen; seine Ächtheit hat neuerdings Fr. Fritzsche in der Ausgabe III, 2, S. LVIII—LXIII erwiesen. Arnold (die gr. Stud. d. Hor. S. 6) meinte die Teiresias-Satire sei nach Art der Sillen des Timon von Phlius gearbeitet. Nach dem Fragmente, das Diog. L. VII, 1, 17 citiert, scheint Timon wirklich eine νέκυια geschrieben zu haben. Es ist auch möglich, dafs Horaz nur durch die homerische νέκυια zu seiner Satire veranlafst wurde; jedenfalls hätte er sich einen so plötzlichen Anfang nicht erlaubt, hätte er nicht an Homer gedacht, dessen gründliche Kenntnis er bei seinen Lesern voraussetzen durfte.

Es handelt sich nunmehr um die Gründe, die bisher die Annahme einer directen Abhängigkeit Lukians von Horaz unwahrscheinlich erscheinen

---

[1]) So Erwin Rhode, der griechische Roman. S. 261 Anm. nach Hertz a. a. O. S. 7, Anm. 5. (Das Buch war mir nicht zugänglich.)

ließen. Der Hauptgrund ist der, dafs angeblich Lukian der lateinischen Sprache nicht mächtig gewesen sei. Damit hat es eine eigene Bewandtnis. Merkwürdig genug, dafs die Stelle, an der Lukian selbst (Pro lapsu inter salutandum 13) über seine Kenntnis des Lateinischen spricht, bei den Gelehrten eine ganz entgegengesetzte Auffassung erfahren mufste. Die Stelle lautet: τί δ'; οὐχὶ καὶ ἐν τῷ τῶν ἐντολῶν βιβλίῳ, ὃ ἀεὶ παρὰ βασιλέως λαμβάνετε, τοῦτο πρῶτον ὑμῖν ἐστι παράγγελμα, τῆς ὑγιείας τῆς ὑμετέρας αὑτῶν (Schwarz: αὑτὸν) ἐπιμελεῖσθαι; und zwei Zeilen weiter: ἀλλὰ καὶ ὑμεῖς αὑτοί, εἴ τι κἀγὼ τῆς Ῥωμαίων φωνῆς ἐπαΐω, τοὺς-προσαγορεύοντας ἀντιδεξιούμενοι τῷ τῆς ὑγιείας ὀνόματι πολλάκις ἀμείβεσθε.[1]) Mit den Worten εἴ τι κἀγὼ τῆς Ῥωμαίων φωνῆς ἐπαΐω spricht Lukian aus, dafs er lateinisch verstand. Th. Fritzsche (Menipp und Horaz S. 30) sieht darin das Bekenntnis, dafs er der lateinischen Sprache nicht mächtig gewesen. Herm. Fritsche (a. a. O. S. 31 Anm.) sagt, es sei dies als geringschätzige Ausdrucksweise zu fassen: „wenn ich überhaupt etwas von eurem Latein aufgeschnappt habe." Ich kann dies nicht für richtig halten. Es wäre gegen den Sprachgebrauch, nach welchem solche Sätze mit εἴ τι καὶ ἐγώ nie im geringschätzigen Sinne zu nehmen sind, sondern im bescheidenen Tone eine Versicherung ausdrücken. Wer εἴ τι καὶ ἐγὼ ἐπαΐω sagt, meint stets, dafs er wirklich etwas versteht, wie der Lateiner mit seinem Si quid video, nur ist er im Ausdrucke bescheiden. Vgl. Soph. Phil. 192 εἴπερ κἀγώ τι φρονῶ. Oed. Tyr. 1110 εἰ χρή τι κἀμέ .. σταθμᾶσθαι· Antig. 719 γνώμη γὰρ εἴ τις κἀπ' ἐμοῦ νεωτέρου πρόσεστι. Wer die Lukianstelle umbefangen liest, wird gestehen, Lukian meine, auch er verstehe Latein, nicht nur der vornehme Römer, bei dem er seine Morgenvisite machte.[2]) Auch aus der Schrift Quomodo hist. conscrib. 15 extr. geht hervor, dafs Lukian Latein verstand.

---

[1]) Auf welche Formel sich Lukian hier bezieht, darüber gehen die Ansichten stark auseinander. Wenn man dem Lukian nicht eine Verwechslung des Anfanges mit dem Schlufse der Briefe zutrauen will (was schon deshalb unthunlich ist, weil „cura ut valeas" nicht nothwendig jeden Brief beschlofs) oder wenn man nicht mit A. Thimme (Quaestionum Lucianearum capita quattuor. Goettingae 1884, S. 25) annehmen will, dafs an eine Briefformel überhaupt nicht zu denken sei (aber an was sonst?) so kann man unter ὑγίεια nur „salus" verstehen, welches ebensowohl den Brief eröffnete, als beim Erwidern des Grußes (daher salutem reddere τῷ τῆς ὑγιείας ὀνόματι ἀμείβεσθαι) gebracht wurde. Das Wort παράγγελμα bedeutet an unserer Stelle, wie an den meisten Stellen nicht eine Aufforderung wie Thimme a. a. O. annimmt, sondern heißt Botschaft oder Ankündigung. Das erste, was der Kaiser ihnen bietet, ist der Gruß mit dem Worte Gesundheit. Statt αὐτῶν hat Schwarz gewifs richtig αὐτὸν vermuthet (Wiener Studien II, S. 146), αὑτῶν wäre durchaus müssig.

[2]) Diese Formel darf nicht wegen des καί mit der häufigen εἴ τις καὶ ἄλλος u. dergl. zusammengestellt werden, bei der das καί eigentlich in den Hauptsatz gehört und im Nebensatze abundiert. Dies εἴ τις καὶ ἄλλος kann allerdings bedeuten: „wenn überhaupt einer", hat aber meist nicht geringschätzige Bedeutung. (Dial. mer. 5, 1 φιλῶ μέν σε, εἰ καί τινα ἄλλην.)

A. Thimme hat in seiner Schrift Quaestionum Lucianearum capita quattuor, das dritte Capitel, den Beziehungen Lukians zu den Römern gewidmet: Quaenam ratio intercesserit inter Lucianum et Romanos exponitur S. 24 ff. Er wendet sich hauptsächlich gegen Schwarz a. a. O. Er bestreitet, dafs Lukian mehrere Jahre in Gallien gelebt habe, weil er so selten davon spreche. Ein sonderbares Argument! Spricht er doch dreimal ausdrücklich von seiner Anwesenheit in Gallien, Bis acc. 27; Apol. 15. Hercules 4.[1]) An letzter Stelle wird ein gallischer Philosoph genannt, der sehr gut griechisch sprach. Dies hätte Lukian nicht bemerkt, wenn es nicht eine Ausnahme gewesen wäre, woraus sich dann einen Schlufs auf den sonstigen Verkehr in Gallien ziehen läfst. Übrigens wird es von griechischen Autoren öfters bemerkt, wenn ein Nicht-Grieche es zu guten Kenntnissen im Griechischen gebracht hatte (Flav. Philostr. vit. sophist. II, 31), während die lateinische Sprache vom Griechen, auch wenn er mit ihr vertraut ist, ignoriert wird. — Ferner, sagt Thimme, spreche Lukian nur an zwei Stellen (Bis acc. a. a. O. und Herod. 5) ausdrücklich von seinem Aufenthalte in Italien. Aber doch wird, wie Thimme selbst gestehen mufs, seine Anwesenheit in diesem Lande auch aus anderen Schriften Lukians deutlich[2]). Dem Nigrinus spricht Thimme jede Beweiskraft deshalb ab, weil erstens nicht Lukian selbst, sondern der Philosoph Nigrinus die Schilderung entwirft; zweitens weil hier alles auf Zeit, Ort und Publicum Bezügliche von Lukian erdichtet sei, ne in se ipse odium maledici hominis contraheret; der Grund pflegt sonst Lukian nicht zu bestimmen. Erdichtet ist nach Fr. Fritzsche (Ausgabe II, 2, S. 51) nur der Name Nigrinus. Aus cap. 1 ούτως έν βραχεί und cap. 2 έστάλην μέν εύθύ τής πόλεως kann man auf einen längeren Aufenthalt Lukians in der Nähe von Rom schließen. Übrigens mag man immerhin mit Thimme annehmen, dafs Lukian nicht gut Latein sprechen gekonnt habe; man kann eine fremde Sprache recht gut verstehen, ohne sie deshalb auch gut sprechen zu müssen. So ergieng es den griechischen Philosophen im Dienste der vornehmen Römer (de merc. cond. 24); diese Griechen radebrechten mit Mühe die Sprache der Römer; sie bemühten sich also lateinisch zu sprechen, natürlich weil ihre Umgebung sich dieser Sprache, die sie also verstanden, bedienten.

Das Verfahren Thimmes, dem Lukian seine Unkenntnis in allen Dingen, die sich auf römische Verhältnisse beziehen, nachzuweisen, rächt sich übrigens dadurch, dafs er sich folgerichtig gezwungen sieht, dort, wo Lukian von römischen Einrichtungen spricht, Interpolationen anzunehmen. Ein sehr bedenkliches Mittel! So will er Pseudologista s. de apophrade 8 die

---

[1]) Auch von seinem Aufenthalt in Athen, spricht Lukian selten, und dem wird man doch viele Jahre geben müssen.

[2]) Zu erwähnen ist außer anderen Stellen auch de mercede conductis 26 τοιαύτη γάρ ώς οίσθα, ή πόλις, aus der der Aufenthalt Lukians in Rom erhellt.

ganze Stelle, wo von der Einsetzung der Neujahrsopfer durch Numa die Rede ist (von ἐν ᾗ οἱ Ῥωμαῖοι κατά τι ἀρχαῖον εὔχονται bis ἱερομηνίᾳ) als christliche Interpolation hinauswerfen! Dabei ist aber nicht bedacht, dafs dann die einige Zeilen unten folgende Bemerkung: ὥρα ἡμῖν ἐκτρέπεσθαι τὸ δυσάντητον τοῦτο θέαμα, ὃς φανεὶς ἔοικε τὴν ἡδίστην ἡμέραν ἀποφράδα ποιήσειν ἡμῖν, wenigstens für griechische Leser nicht motiviert erscheint. Außerdem hat der übriggebliebene Satz ὁ τότε γελάσας dann mit dem Vorausgehenden keinen Zusammenhang. ¹) Die Worte dürfen daher nicht ausgemerzt werden. Eine zweite Interpolation nimmt Thimme (S. 34 ff.) dial. mort. XII an. Alexander und Hannibal streiten um den Vorsitz in der Unterwelt und bringen ihre Sache vor Minos' Richterstuhl. Hier hält sich ein jeder eine Lobrede. Minos soll nun entscheiden; da kommt Scipio dazu und ruft: erst höre mich an. Ich habe den Hannibal besiegt und erkenne trotzdem Alexander als den größeren an. Somit erhält Alexander den ersten, Scipio den zweiten, Hannibal den dritten Platz οὐδὲ οὗτος εὐκαταφρόνητος ὤν. Thimme findet es, abgesehen davon, dafs Scipio nur wenig spricht und keine so lange Rede hält als Hannibal und Alexander, auffällig, dafs in der gleichen Erzählung Ver. hist. II, 9, wo der Streit in das Elysium verlegt ist, nur Alexander und Hannibal streiten, von Scipio aber keine Spur ist. Ganz natürlich, denn einen Römer auf die Inseln der Seligen zu bringen, widersprach der Tradition. Hannibal aber geht als Grieche. Aus einer derartigen, abweichenden, wiederholten Behandlung eines und desselben Gegenstandes darf man bei Lukian, namentlich in den Todtengesprächen und ihnen ähnlichen Schriften, nicht auf Fälschung schließen. Lukian erlaubt sich hier in Hinsicht auf Zeit, Ort und andere Verhältnisse die allergrößten Freiheiten und bleibt sich nicht consequent. Er macht es, wie er es gerade braucht; minima non curat; wer wollte ihm das aufmutzen?²) Dafs die Tendenz des XII. Todtengespräches in der Ironie zu finden sei, dafs Hannibal, obwohl des ersten Platzes würdig, dennoch, weil eben ein Grieche — Minos — urtheilt, dem Alexander weichen mufs, das möchte ich aus dem Grunde nicht glauben, weil auch weiter nicht die geringste Anspielung darauf zu finden ist, und man in der Rede Alexanders ebenso manches Wahre neben Übertriebenem findet, wie in der Hannibals. Es ist die Frage

---

¹) Baar in der Zeitschrift f. d. österr. Gymn. 1885, S. 96.

¹) Dial. mort. XV, 2 sagt Achilles, in der Unterwelt herrsche Homotimie; XVI erscheint Hercules mit Bogen, Keule, Löwenhaut, während der Tyrann Lampichus X 4 alles was er an sich hat, wegwerfen mufs. XVIII, 1 sieht Menipp in den einst auf Erden gepriesenen Schönheiten Hyakinthos, Nireus, Helena etc. nichts als Knochen und kahle Schädel; XX, 6 dagegen sagt er zu Sokrates, den er in Gesellschaft des Charmides, Phaidros und Alkibiades trifft: 'Bravo, lieber Sokrates, du verstehst dich also auch hier auf dein Metier und weißt die Schönen zu schätzen'. Auch vergleiche man die gänzlich verschiedene Vorstellung, die man von der Unterwelt aus den Todtengesprächen bekommt, mit der, die man aus der Nekyomantie gewinnt.

ob Lukian wirklich dem Afrikaner den Vorzug giebt (wie Wieland will). Hätte Lukian dies andeuten wollen, so hätte er gewifs noch einige Züge zu dem Gemälde hinzugefügt, die uns darüber keinen Zweifel ließen. Sicher kommt es dem Schriftsteller nicht auf die Rangordnung an, sondern in den beiden Reden liegt das Hauptgewicht. Sie zeigen uns die lächerliche Eitelkeit der Menschen, von der auch die besten nicht frei sind, und sind gleichzeitig eine Verspottung der allgemeinen Vorstellungen von der Unterwelt, als ob es auch dort ein solches Treiben und Jagen gäbe wie auf Erden. Der Ausdruck περὶ προεδρίας endlich nöthigt nicht mit Thimme (S. 37) nur an zwei Streitende zu denken. προεδρία wird auch gebraucht, wenn vom Range mehrerer die Rede ist, z. B. Jupp. tragoed. 7. Catapl. 13. Übrigens sind in den Handschriften keine Spuren einer Interpolation zu entdecken.

Was Lukian sonst über römische Verhältnisse berichtet, das glaubt Thimme, stamme durchaus aus griechischen Quellen. Das mag sein, beweisen läfst es sich jedenfalls nicht. Thimme hat jedoch die den Kronos und die Kronien betreffenden Schriften Lukians stillschweigend übergangen. Diese Schriften scheinen mir ein deutlicher Beweis, dafs Lukian mit römischen Einrichtungen vertraut war. Unter den Kronien sind die römischen Saturnalien zu verstehen, nicht etwa die ganz unbedeutenden Κρόνια zu Athen. Lukian kannte die saturnalische Freiheit und hatte gewifs ein solches Fest in Rom oder Italien selbst mitgemacht.

Aus all dem Gesagten folgt wenigstens soviel, dafs Lukian Latein verstanden hat, ob mehr oder weniger gut, bleibt sich für uns gleich. Es ist wenig vorsichtig, wenn Herm. Fritzsche (a. a. O. S. 31, Anm. 1) behauptet, dafs die zeitgenössischen griechischen Rhetoren durchaus nicht lateinisch verstanden. Wer des Flavius Philostratus Lebensgeschichten der Sophisten — die natürlich von den Rhetoren nicht zu trennen sind — durchliest, findet darin zwar allerdings ein vornehmes Ignorieren der lateinischen Sprache von Seiten dieser Leute, aber daneben doch Beispiele, die beweisen, dafs die Geheimnisse des lateinischen Idioms auch griechischen Sophisten bekannt waren. Ich erwähne den Herodes Atticus, der (II, 1, 8) sich, im Senate zu Rom von einem Senator wegen Gattenmordes angeklagt, an Ort und Stelle, also lateinisch vertheidigt. Der Sophist Antiochus (II, 4, 1) war von so edlem Geschlechte, dafs zu Philostratus Zeit seine Nachkommen noch Consuln waren. Aristokles aus Pergamum (II, 16) hielt sich in Rom auf und stammte von Consularen ab. Antipater (II, 24, 1) beschrieb die Thaten des Kaisers Severus und war dessen Privatsecretär ταῖς βασιλείοις ἐπιστολαῖς ἐπιταχθείς. Überdies war er Consul u. s. w. Man nehme ferner den Rhetor P. Aelius Aristides. Der schrieb eine begeisterte Lobrede auf Rom und die Römer, Ῥώμης ἐγκώμιον, in der er sich ausführlich über römische staatliche Einrichtungen verbreitet — ohne Kenntnis der lateinischen Sprache völlig undenkbar. Zu allem Überflufs sind in dieser Rede Reminiscenzen aus lateinischen Autoren nachweisbar; vgl. pag. 222 Jebb. extr.

(Dindf. pag. 361) die Auseinandersetzung über die drei möglichen Staats-Verfassungen mit Tac. ann. IV. 33 init. und pag. 200 Jebb (Dindf., pag. 326) die Bemerkung, dafs in Rom alles zu finden, was irgendwo in der Welt produciert wird mit Plin. n. h. XI, 42, 97 Romae, ubi omnium gentium bona comminus iudicantur. Wahrscheinlich lassen sich noch andere Stellen nachweisen. Zu Hor. sat. II, 5, 18 sagt H. Fritzsche selbst, dafs es noch zu ermitteln ist, ob der Sophist Maximus Tyrius den Horaz nachahmte oder beide Autoren aus gleichen alten Quellen schöpften. Übrigens thut man dem Lukian Unrecht, wenn man ihn mit einem gewöhnlichen Rhetoren und Sophisten vergleicht. Hat er auch in seinen früheren Jahren sich mit der Rhetorik sein Brod erworben, später war er von ganz anderem Schlage, und wenn es auch nicht möglich war, den Rhetor ganz abzustreifen, die Schriften, die seinen Ruhm eigentlich begründen, sind von dem ungenießbaren, hohlen Wortkram ziemlich frei. Lukian verachtet die Rhetoren eben so sehr als die Sophisten. Man kann ihn daher nicht mit demselben Maßstabe wie diese Leute messen, ohne ihm Unrecht zu thun." Seine lateinischen Kenntnisse waren jedenfalls derart, dafs sie ihn in den Stand setzten, einen lateinischen Schriftsteller zu verstehen. Und dafs ihn Horaz vor allen angezogen hat, ist sehr erklärlich. Beide hatten so ziemlich dieselbe Lebensphilosophie, waren als Feinde jeglichen Scheines von dem geringen Werte der irdischen Dinge überzeugt, wufsten, dafs hienieden alles eitel ist und lachten über die elende Capacität des großen Publicums, besaßen aber gerade genug Sinn für die Bedürfnisse des praktischen Lebens, um sich dasselbe so behaglich als möglich einzurichten. Wahren Genufs fanden sie an der Lectüre der classischen Griechen; beide waren vorzüglich φιλόμηροι und ihre Werke sind voll homerischer Brosamen. Eigentliche Philosophie trieb keiner von ihnen, die starren Dogmatiker der Philosophie verspotteten sie wie z. B. die Stoiker von der strengen Observanz; um Systeme kümmern sie sich nicht. Aber mit reiferen Jahren neigen sich beide, wenigstens was ihre Ethik anbetrifft, einem gelinden Epikureismus zu und nennen sich selbst Epikureer. Freilich fehlt es auch an Unterschieden nicht. Horaz steht sittlich höher und ist auch der tiefere Denker; Lukians Moral ist wesentlich negativ (Bernays, Lukian und die Kyniker, S. 44); seine Darstellung ist mitunter oberflächlich, der Blick für das Treiben der Menschen bisweilen getrübt durch überwuchernde Rhetorik. Zwar hat er später tüchtig aufgeräumt mit dieser Kunst; aber im Ganzen hat auch er zu viel darauf verwendet und sich ein bischen blenden lassen von diesem σεμνότατον καὶ πάντιμον ὄνομα. Das Zeug, das er sich in der Jugend bei den Rhetoren angeeignet, brachte er nie mehr ganz los. Dafs die Hälfte unter Umständen mehr ist als das Ganze, das hat der Römer weit besser verstanden sich zu nutze zu machen, als der geschwätzige Grieche. Daher die vielen Wiederholungen in den Schriften Lukians. Ihren Witz und Spott verwenden beide Schriftsteller dazu, ihre Leser durch die Schilderung der

Verkehrtheiten, Thorheiten und Schlechtigkeiten der Leute zu erheitern; sie scheuen sich auch nicht, ihn nach dem Vorgange des alten Kratinos gegen sich selbst zu richten; wie sich Horaz sat. II, 3 seine Fehler vorhalten läfst, ebenso Lukian im Bis accusatus. Geschult hatten sie ihren Witz hauptsächlich durch das Studium der griechischen jambischen Dichter und der Dichter der alten Commödie. Joannes Lydus, de magistrat. I, 41, pag. 153 (Bekker) nennt die römische Satire τὴν σατυρικὴν κωμῳδίαν. Hiezu halte man, was Lukian in der berühmten Stelle des Bis accusatus 33 sagt. Da heißt es: τὸ μὲν τραγικὸν ἐκεῖνο καὶ σωφρονικὸν προσωπεῖον ἀφεῖλέ μου, κωμικὸν δὲ καὶ σατυρικὸν ἄλλο ἐπέθηκέ μοι καὶ μικροῦ δεῖν γελοῖον. Zugegeben, dafs letzteres auf das griechische Satyrdrama geht, wie H. Fritzsche a. a. O. S. 23 will; weiter aber heißt es; εἰτά μοι ἐς τὸ αὐτὸ φέρων συγκαθείρξε τὸ σκῶμμα καὶ τὸν ἴαμβον καὶ κονισμὸν καὶ τὸν Εὔπολιν καὶ τὸν Ἀριστοφάνην. Was soll mit diesen Worten anderes gemeint sein, als eine mit der römischen Satirendichtung auf gleicher Stufe stehende Kunstgattung? Man vergleiche zu den letzten Worten den Anfang von Hor. sat. I, 4: **Eupolis** atque Cratinus **Aristophanes** que poetae .. siquis erat dignus describi ... multa cum libertate notabant. Hinc omnis pendet Lucilius und somit ist dadurch auch die Satire des Horaz bedingt. Erst im weiteren Verlauf der angezogenen Stelle heißt es: τελευταῖον δὲ καὶ Μένιππόν τινα τῶν παλαιῶν κυνῶν μάλα ὑλακτικὸν ὡς δοκεῖ καὶ κάρχαρον ἀνορύξας καὶ τοῦτον ἐπεισήγαγέ μοι φοβερόν τινα ὡς ἀληθῶς κύνα καὶ τὸ δῆγμα λαθρίδιον, ὅσῳ καὶ γελῶν ἅμα ἔδακνε.

Ich gebe nun zum Schlusse eine Zusammenstellung jener Stellen, die zur Annahme von Reminiscenzen Lukians an Horaz berechtigen. Es ist natürlich, dafs ein Autor wie Lukian kein sclavischer Nachahmer war. Daher gibt es viele Stellen, in denen mancher keine Beziehung auf Horaz wird erblicken wollen. Mehreres dieser Art führt H. Fritzsche a. a. O. S. 88 ff. an. Indessen geht er hiebei weit strenger zu Werke als bei der Anführung von Parallelstellen für Horaz und Varro. Er „sieht" so lange, bis nur mehr wenig übrig bleibt. Was er meiner Ansicht nach mit Unrecht unter die zufälligen, nichts beweisenden Ähnlichkeiten einreiht, ist im Folgenden mit einem Stern bezeichnet.

Es lassen sich in Lukians Schriften Reminiscenzen aus der 1., 3., 4., 11. Satire des I. Buches, aus der 2., 3., 5., 6. des II. Buches und aus der ars poetica nachweisen. Die Schriften, in denen sich diese Benutzung zeigt, stammen sämmtlich nicht aus der Jugendzeit Lukians. Dies ist ganz natürlich und war zu erwarten; erst in Italien lernte er den Horaz kennen. Die Schriften sind: Timon, Quomodo historia conscribenda, Dialogi mortuorum (V. u. IX.), De mercede conductis, Charon, Prometheus, Bis accusatus, Gallus, Dialogi deorum (XXII, 1), Rhetorum praeceptor, Nigrinus. Alle unzweifelhaft echt.

Timon init. *Ὦ Ζεῦ φίλιε καὶ ξένιε καὶ ἑταιρεῖε .... καὶ εἴ τί σε ἄλλο οἱ ἐμβρόντητοι ποιηταὶ καλοῦσι: — sat. II. 6, 20 Matutine pater seu Jane libentius audis.

Ibid. 2. Timon ruft dem Zeus, der die Fehler der Menschen so lange ungestraft läfst, zu: λημᾷς δὲ καὶ ἀμβλυώττεις πρὸς τὰ γινόμενα — sat. I, 3, 25 Cum tua pervideas oculis mala lippus inunctis (vgl. Fugitivi 10).

Ibid. 18. Zeus sagt zum Plutos, die Geizigen seien bestraft ὥσπερ ὁ Τάνταλος ἄποτοι καὶ ἄγευστοι καὶ ξηροὶ τὸ στόμα, ἐπικεχηνότες τῷ χρυσίῳ — sat. I, 1, 68 Tantalus a labris sitiens fugentia captat | flumina — quid rides? mutato nomine de te | fabula narratur: congestis undique saccis | indormis inhians.

*Ibid. 20. εἰπεῖν ἔχοιμι.. οὐδὲ ὀβολὸν, ὥστε πρίασθαι βρόχον, ἐσχηκότας, — sat. II, 2, 98 deerit egenti | as, laquei pretium.

Ibid. 22. Der glückliche über Nacht reich gewordene Erbe geht mit seinem Golde heim τοὺς μάτην κεχηνότας ἐκείνους (die leer ausgegangenen Erbschleicher) ἐς ἀλλήλους ἀποβλέποντας, καταλιπὼν ἀληθὲς ἄγοντας τὸ πένθος, οἷος αὐτοὺς ὁ θύννος ἐκ μυχοῦ τῆς σαγήνης διέφυγεν οὐκ ὀλίγον τὸ δέλεαρ καταπιών. — sat. II, 5, 25 si vafer unus et alter | insidiatorem praeroso fugerit hamo, und 44 Plures adnabunt thunni et cetaria crescent.

Ibid. 51. Zu dem wieder reichgewordenen Timon kommt mit einem schamlosen Psephisma, durch das dem Timon alle möglichen Ehren wiederfahren sollen, der Rhetor Demeas, Timons nächster Verwandter, wie sich der Lügner nennt, und Schüler καὶ γὰρ ῥήτωρ ἄριστος ὁ Τίμων καὶ τὰ ἄλλα πάντα ὁπόσα ἂν ἐθέλῃ. — sat. II, 3, 96 f. wer reich ist, ille | clarus erit, fortis, iustus; 'sapiensne?' etiam, et rex | et quidquid volet.

Quomodo historia conscribenda. In der Einleitung (c. 3) vergleicht sich Lukian scherzhaft mit Diogenes, der, als alle Korinthier sich in fieberhaftem Eifer zum Kriege rüsteten, um doch auch etwas zu thun, aufstand, seinen Mantel gürtete und sein Fafs im Kraneion eifrig auf- und abzuwälzen begann. Diogenes ist der Weise; nil tanti est. Daher will auch Lukian sein Fäfschen nach Kräften wälzen. Nicht Geschichte, sagt er, will ich schreiben οὐχ οὕτω μεγαλότολμος ἐγώ... παραίνεσιν δέ τινα μικρὰν καὶ ὑποθήκας ταύτας ὀλίγας ὑποθήσομαι τοῖς συγγράφουσιν, ὡς κοινωνήσαιμι αὐτοῖς τῆς οἰκοδομίας, εἰ καὶ μὴ τῆς ἐπιγραφῆς. Dem Lukian hat bei der Abfassung dieser Schrift Horazens ars poetica vorgeschwebt. Ganz ebenso sagt Horaz von sich a. p. 304 ergo fungar vice cotis, und 306 munus et officium, nil scribens ipse docebo.

Ibid. 23. Lukian tadelt einen hochtrabenden Anfang εὐθὺς γοῦν οἱ ἀκούσαντες ἐπιφθέγγονται αὐτοῖς τό "Ὠδινεν ὄρος. Freilich ein Sprichwort; aber auffällig ist es doch, dafs es Horaz ganz gleich verwendet a. p. 136 ff. Nec sic incipies ut ..... Parturiunt montes cet.

Ibid. 23. χρή.... ὅμοια τὰ πάντα καὶ ὁμόχροα εἶναι — a. p. 86 Descriptas servare vices operumque colores.

Ibid. 44. εἰς σκοπός ὁ πρῶτος, σαφῶς δηλῶσαι καὶ φανότατα ἐμφανίσαι τὸ πρᾶγμα, μήτε ἀπορρήτοις καὶ ἔξω πάτου ὀνόμασι μήτε τοῖς ἀγοραίοις τούτοις καὶ καπηλικοῖς, ἀλλ' ώς μὲν τοὺς πολλοὺς συνεῖναι, τοὺς δὲ πεπαιδευμένους ἐπαινέσαι, Diese Stelle, sowie 45 und 46 erinnert mehrfach an a. p. 225—250.

Ibid. 56. Lukian empfiehlt bei Fülle des Stoffes einen raschen Fluſs der Erzählung, wobei vieles ganz übergangen werden könne, wie man die Freunde, denen man ein prächtiges Gastmahl gibt, auf gewöhnliche und gemeine Speisen nicht aufmerksam macht. — Horaz sagt: Mittelmäßigkeit ist dem Dichter nicht gestattet, ebensowenig wie schlechte Musik bei einem heiteren Schmause und crassum unguentum et Sardo cum melle papaver. (374 f.)

Ibid. 37. Καὶ τοίνυν καὶ ἡμῖν τοιοῦτός τις ὁ μαθητὴς νῦν παραδεδόσθω, συνεῖναί τε καὶ εἰπεῖν οὐκ ἀγεννής — epist. I, 4, 9 qui sapere et fari possit quae sentiat. (Freilich sagt schon Perikles bei Thuc. II, 60 οὐδενὸς ἥσσων οἴομαι εἶναι γνῶναί τε τὰ δέοντα καὶ ἑρμηνεῦσαι ταῦτα.)

Dialogi mort. V, 1. Der Gott der Unterwelt sagt zu Hermes ὁ μὲν (der reiche Eukrates) ἔστω ἀθάνατος, οἱ δὲ (die Erbschleicher) προσπιπτωσαν αὐτοῦ μάτην ἐπιχανόντες. Ἑρμῆς· Γελοῖα πείσονται, πανοῦργοι ὄντες. — sat. II, 5, 55 ff. Plerumque recoctus | scriba ex quinqueviro corvum deludet hiantem | captatorque dabit risus Nasica Corano.

Ibid. IX, 3. Der reiche Polystratos sagt: ἄλλας δὲ τὰς ἀληθεῖς διαθήκας ἔχων, ἐκείνας κατέλιπον οἰμώζειν ἅπασι φράσας. — sat. II, 5, 67 ff. multum Nasica negatas (sc. tabulas, Testament) | accipiet tandem et tacitus leget invenietque | nil sibi legatum praeter plorare suisque. Freilich ist die Phrase οἰμώζειν λέγω, κλαίειν λέγω (schon Herod. IV, 127) auch in der attischen Comödie häufig (auch z. B. vit. auct. 14). Aber die Ähnlichkeit liegt hier in der Anwendung auf dieselbe Situation.

De mercede conductis* 30. ὑπὸ δὲ ᾠδὴν ἀλεκτρυόνων ἀνεγρόμενος. ὦ δείλαιος ἐγώ, φῄς, — sat. I, 1, 9 f. Agricolam laudat iuris legumque peritus, | sub galli cantum consultus ubi ostia pulsat.

Ibid. 35. ἢν δὲ ποιητικὸς αὐτὸς ἢ συγγραφικὸς ὁ πλούσιος ᾖ, παρὰ τὸ δεῖπνον τὰ αὐτοῦ ῥαψῳδῶν, τότε καὶ μάλιστα διαρραγῆναι χρὴ ἐπαινοῦντα. — sat. II, 5, 74 f. Scribet mala carmina vecors: | landato.

Charon 17. ἀλλὰ τὸ αἴτιον, ὅτι τὸν μὲν εὐτυχοῦντα ἐπὶ τῷ παιδὶ ἐκεῖνον ὁρᾷ . . . . τὸν γείτονα δὲ τὸν ἐκκομίζοντα τὸ παιδίον οὐχ ὁρᾷ — sat. I, 1, 111 (Illuc, unde abii, redeo, nemo ut avarus | se probet . . . .) neque se maiori pauperiorum | turbae comparet.

*Ibid. 20. ἀνάγκη τὸν μὲν γυμνὸν οἴχεσθαι, τὴν οἰκίαν δὲ καὶ τὸν ἀγρὸν καὶ τὸ χρυσίον ἀεὶ ἄλλων εἶναι καὶ μεταβάλλειν τοὺς δεσπότας. — sat. II, 2, 129 propriae telluris erum natura neque illum | nec me nec quemquam statuit: nos expulit ille; | illum aut nequities aut vafri inscitia iuris, | postremum expellet certe vivacior heres. Derselbe Gedanke findet sich auch im Nigrinus 26. Nigrinus besaſs ein Grundstück in der Nähe von Rom, kümmerte sich aber so wenig darum, daſs er es nicht nur viele Jahre nicht betrat ἀλλ' οὐδὲ τὴν ἀρχὴν αὐτοῦ εἶναι διωμολόγει, ταῦτ' οἶμαι διειληφώς, ὅτι τούτων μὲν φύσει οὐδενός ἐσμεν κύριοι, νόμῳ δὲ καὶ διαδοχῇ τὴν χρῆσιν αὐτῶν εἰς ἀόριστον παραλαμβάνοντες ὀλιγοχρόνιοι δεσπόται νομιζόμεθα.

Prometheus 8. Prometheus vertheidigt sich gegen Hermes, der ihn zum Kaukasus führt, wegen des Streiches, den er dem Zeus bei der Vertheilung des Opferfleisches gespielt hat. Zeus sollte sich schämen, wie ein kleiner Junge gleich in Zorn zu gerathen, wenn er nicht das größte Stück bekommt. Wer wird auch einen Scherz beim Mahle so streng nehmen; καίτοι τάς γε ἀπάτας ὦ Ἑρμῆ, τὰς τοιαύτας συμποτικὰς οὔσας οὐ χρή, οἶμαι, ἀπομνημονεύειν, ἀλλ' εἰ καί τι ἡμάρτηται μεταξὺ εὐωχουμένων, παιδιὰν ἡγεῖσθαι. Ist es nicht kleinlich, fährt Prometheus c. 9. fort, darüber so aufgebracht zu sein? ἢ τί γὰρ ἂν ἐποίησεν οὗτος ὅλον βοῦν ἀπολέσας, εἰ κρεῶν ὀλίγων ἕνεκα τηλικαῦτα ὀργίζεται; — sat. I, 3, 90 ff. Der vernünftige Mensch ist nachsichtig gegen die Fehler seiner Freunde: Conminxit lectum potus mensave catillum | Euandri manibus tritum deiecit: ob hanc rem, | aut positum ante mea quia pullum in parte catini | sustulit esuriens, minus hoc iucundus amicus | sit mihi? quid faciam si furtum fecerit cet.? Wie vortheilhaft, heißt es dann weiter (c. 10), unterscheiden sich durch ein billigeres Urtheil in solchen Fällen die Menschen, denen der Zorn doch eher anstünde, als den Göttern; ἀλλ' ὅμως ἐκείνων οὐκ ἔστιν ὅστις τῷ μαγείρῳ σταυροῦ ἂν τιμήσαιτο, εἰ τὰ κρέα ἕψων καθεὶς τὸν δάκτυλον τοῦ ζωμοῦ τι περιελιχμήσατο ἢ ὀπτωμένων ἀποσπάσας τι κατεβρόχθισεν, nein, man verzeiht solchen Sclaven, oder gibt ihnen paar Ohrfeigen, ἀνεσκολοπίσθη δὲ οὐδεὶς παρ' αὐτοῖς τῶν τηλικούτων ἕνεκα. — sat. I, 3, 80 ff. man muſs nach Maßgabe des Vergehens strafen. Si quis eum servum, patinam qui tollere iussus | semesos piscis tepidumque ligurrierit ius, | in cruce suffigat, Labeone insanior inter | sanos dicatur.

Bis accusatus 33. Siehe oben S. 16.

Ibid. 16. Die Akademie rechtfertigt sich darüber, daſs sie den Polemon der Trunkenheit abspänstig gemacht habe und erzählt, wie dieser im trunkenen Zustande zu ihr kam, als sie gerade im Begriffe stand, von der Tugend und der Mäßigkeit zu sprechen; da κατ' ὀλίγον .... ἀνένηψε πρὸς τοὺς λόγους καὶ ἀφαιρεῖται τοὺς στεφάνους. — sat. II, 3, 254 f. Wäre es nicht gescheidter, von thörichter Liebe abzulassen und es zu machen wie mutatus Polemo? ponas insignia morbi .... potus ut ille | dicitur ex collo furtim carpsisse coronas, | postquam est inpransi correptus voce magistri? Die Anekdote selbst konnte Lukian allerdings auch ohne Horaz kennen.

*Dialogi deorum XXII, 1. τί δακὼν τὸν δάκτυλον ζητεῖς καὶ ἐπὶ πολὺ ἀπορεῖς; und

*Rhetorum praeceptor 11. εὑρήσεις ... ἄνδρα ...... τῷ δακτύλῳ ἄκρῳ τὴν κεφαλὴν κνώμενον, — sat. I, 10, 71 saepe caput scaberet, vivos et roderet unguis.

Imagines 5. Lykinus will, um eine schöne Frau zu beschreiben die schönsten Theile der schönsten Statuen des Pheidias u. s. w. vom λόγος zu einem Bilde vereinen lassen. Sein Mitunterredner sagt darauf:

εὖ λέγεις · καὶ δὴ παραλαβὼν δεικνύτω · ἐθέλω γὰρ εἰδέναι ὅ τι καὶ χρήσεται αὐταῖς ἢ ὅπως ἐκ τοσούτων μίαν τινα συνθεὶς οὐκ ἀπέδουσαν ἀπεργάσεται. Hiebei wird man sich an den Anfang der ars poetica erinnern.

*Pro imaginibus 18. Erinnert ebenfalls an den Anfang der a. p. παλαιὸς οὗτος ὁ λόγος, ἀνευθύνους εἶναι καὶ ποιητὰς καὶ γραφέας — a. p. 9 f. pictoribus atque poetis | quidlibet audendi semper fuit aequa potestas. Die Ausdrucksweise Lukians erinnert jedenfalls eher an Horaz als an Diphilus der bei Athenaios VI, 1 nur sagt ὡς οἱ τραγῳδοί φασιν, οἷς ἐξουσία ἐστὶν λέγειν ἅπαντα καὶ ποιεῖν μόνοις (Orelli).

Es gibt noch manche andere Stellen, die aneinander anklingen, doch dürften sie von weniger Gewicht scheinen. Auch das ist erwähnenswert, dafs beide Autoren häufig die gleichen Mythen gebrauchen, dafs sie ihre Bilder mit einer gewissen Vorliebe aus dem Bühnenleben nehmen, dafs sie die gleichen Sprichwörter gebrauchen u. a. m. Ich notiere nur einige Stellen.

*Adversus indoctum 25 extr. οὐδὲ γὰρ κύων ἅπαξ παύσαιτ' ἂν σκυτοτραγεῖν μαθοῦσα. — sat. II, 5, 82 ut canis a corio numquam absterrebitur uncto. (Sprichwort).

*Hermotimus 28. ἔνθα ἂν ἡμᾶς οἱ πόδες φέρωσιν — epod. XVI, 21 ire pedes quocumque ferent. (Sprichwort.) Auch carm. III, 11, 49 J pedes quo te rapiunt et aurae.

Apologia pro merc. cond. 10. τὴν πενίαν ποιεῖν καὶ πάσχειν ἀναπείθουσαν — carm. III, 24, 42 pauperies . . iubet quidvis et facere et pati.

Gallus 13. ὁ δὲ πατὴρ ἁπάντων ἀνδρῶν καὶ θεῶν ff. hat frappante Ähnlichkeit mit carm. III, 16, 1—11. Freilich kommt Ende 14 ein Citat, das (nach Stobaeus XCI, 4, vol. III Gaisf. p. 217) aus Euripides Danae zu stammen scheint.

Ibid. 23. Der Hahn setzt dem Schuster Mikyllos auseinander, was er vor den Reichen voraus hat ὥστε διὰ ταῦτα ὑγιαίνεις τε καὶ ἔρρωσαι τὸ σῶμα u. s. w. οἱ δὲ ὑπ' ἀκρασίας ἄθλιοι τί τῶν κακῶν οὐκ ἔχουσι; — sat. II, 2, 70 f. Accipe nunc, victus tenuis quae quantaque secum | adferat. inprimis valeas bene. nam variae res | ut noceant homini credas.

Bis accusatus 20. ἐν χρῷ κέκαρμαι — ep. I, 8, 17 tonsa cute.

Dial. deor. XXIII, 2 u. öfter ἱκανῶς ὑποβεβρεγμένοι — sat. I, 5, 76 multa prolutus vappa.

Graz, im Mai 1885. A. *Heinrich.*

Schul-Nachrichten.

A. Der Lehrkörper.

a) Veränderungen in demselben.

Von den im vorjährigen Programme angeführten Mitgliedern des Lehrkörpers sind aus dem Verbande desselben ausgetreten:

1. Nach Schlufs des Schuljahres 1883/84: Professor Alois Sänger in gleicher Eigenschaft an die Staats-Oberrealschule in Innsbruck, Supplent Josef Lendovšek als wirklicher Gymnasiallehrer an das Staatsgymnasium in Villach, Probe-Candidat Dr. Eduard Martinak als wirklicher Gymnasiallehrer an das Landes-Obergymnasium in Leoben und der supplierende Religionslehrer, f.-b. geistlicher Rath Anton Grießl, welcher zum Sub-Director des hiesigen Priesterhauses ernannt wurde; ferner die Supplenten: Franz Hadwich, Dr. Josef Hoffmann, Josef Pogatscher, Franz Scholz, Hans Schmierer und die Probe-Candidaten: Johann Geßler, Franz Jerovšek, Jakob Pinter, Eduard Prechtl, Dr. Mathias Max Steger, Dr. Alexander Sturm, Dr. Friedrich Vogl, Lorenz Winkler und Dr. Karl Zelinka.

2. Nach Schlufs des I. Semesters Professor Adalbert Fäulhammer, welcher mit Allerhöchster Entschließung vom 15. Jänner 1885 zum Director des Staatsgymnasiums in Bozen ernannt wurde.

3. Der Director und k. k. Regierungsrath Dr. Franz Pauly, welcher mit Allerhöchster Entschließung vom 4. März 1885 zum Director des deutschen Staatsgymnasiums in der Neustadt zu Prag ernannt wurde und Anfangs April seinen neuen Dienstposten antrat. Dr. Franz Pauly wurde mit Allerhöchster Entschließung vom 11. April 1878 zum Director des hiesigen Gymnasiums ernannt und leitete dasselbe seit 1. September 1878 unter schwierigen Verhältnissen mit Umsicht und aufopfernder Pflichttreue. Aus diesem Grunde und wegen seiner hervorragenden literarischen Thätigkeit auf dem Gebiete der classischen Philologie wurde er von Sr. k. k. apostolischen Majestät mit Allerhöchster Entschließung vom 9. April 1882 durch Verleihung des Titels eines k. k. Regierungsrathes ausgezeichnet.

In den Verband des Lehrkörpers sind eingetreten:
1. Mit Beginn des Schuljahres 1884/85 die Professoren: Dr. Karl Reissenberger und Dr. Franz Standfest von der k. k. Staatsrealschule in Graz, Franz Hubad vom Landes-Untergymnasium in Pettau, Dr. Anton Mayr vom Staatsgymnasium in Kromau und die wirklichen Gymnasiallehrer: Albin Nager vom Staatsgymnasium in Kremsier und Dr. Hans König von der Staatsrealschule in Graz; endlich Dr. Johann Weiß als supplierender Religionslehrer und Hans Schmierer als Volontär;
2. Mit Beginn des II. Semesters: Dr. Mathias Max Steger als Supplent für Geschichte und Geographie und deutsche Sprache.
3. Am 13. April der Unterzeichnete, bis dahin Director des hierortigen II. Staatsgymnasiums, welcher mit Allerhöchster Entschließung vom 25. März 1885 zum Director der hiesigen Lehranstalt ernannt wurde.

Als Probe-Candidaten wurden zugewiesen:

a) Sattor Hans, approbierter Lehramts-Candidat für Naturgeschichte am Obergymnasium und Mathematik und Physik am Untergymnasium laut h. M.-E. vom 2. September 1884, Z. 17084, dem Professor Dr. Anton Ausseror.

b) Kluibenschodl Johann, approbierter Lehramts-Candidat für Geographie und Geschichte laut h. M.-E. vom 2. September 1884, Z. 17166, dem Professor Dr. Franz Mayer; derselbe verließ mit Genehmigung des h. Ministeriums für Cultus und Unterricht laut Erl. vom 9. April 1885, Z. 6008 die Lehranstalt, um eine Supplentenstelle am Staatsgymnasium in Villach zu übernehmen.

c) Mitteregger Peter, approbierter Lehramts-Candidat für deutsche Sprache am Obergymnasium und classische Philologie am Untergymnasium laut h. Minist.-Erl. vom 13. Februar 1885, Z. 2327, zur Fortsetzung des Probejahres dem Professor Franz Korp.

b) Stand des Lehrkörpers und Lehrfächervertheilung.

Zahl	Namen	Lehrfach	Stundenzahl
1	Dr. Ferdinand Maurer, k. k. Director, geistlich, Cisterzienser d. Stiftes Hohenfurt	—	—
2	Johann Gutscher, k. k. Director, weltlich; zur Dienstleistung und Mitwirkung in der Direction zugewiesen	Latein in der IV. *A*	6
3	Willibald Rubatscher, k. k. Professor, geistlich; Benedictiner des Stiftes Admont	Latein und Deutsch in der I. *A*; Griechisch in der V. *A*	17
4	Dr. Anton Ausserer, k. k. Professor, weltlich	Mathematik und Naturgeschichte in der I. *A*, II. *A*, III. *A* und Naturgeschichte in der V. *A* und VI. *A*.	19
5	Dr. Franz M. Mayer, k. k. Professor und Privat-Docent an d. Universität, weltlich	Geschichte in der IV. *A* u. *B* und in der VIII. *A*, Deutsch in der VII. *B* und VIII. *A*	17
6	Franz Korp, k. k. Professor, weltlich	Griechisch in der V. *C* und VII. *A*; Deutsch in der V. *C* und VII. *A*	15
7	Dr. Josef Stary, k. k. Professor, f. b. geistl. Rath	Religion in der I. *A* u. *B*, II. *A*, V. *A*, *B*, *C* und in der VI. bis VIII. *A* und *B*	24
8	Cajetan Hoffmann, k. k. Professor, geistlich, Benedictiner des Stiftes Admont	Latein in der III. *A*; Griechisch in der III. *A* und in der VIII. *B*	16
9	Dr. Franz Standfest, k. k. Professor u. Privat-Docent a. d. techn. Hochschule, weltlich	Mathematik in der II. *B* und III. *B*; Naturgeschichte in der II. *B*, III. *B*, V. *B*, V. *C*, VI. *B*	16
10	Dr. Jakob Purgaj, k. k. Professor, weltlich	Latein und Deutsch in der I. *B*; Griechisch in der VI. *A*	17
11	Gabriel Mitterstiller, k. k. Professor, weltlich	Latein in der VII. *A* und *B*; Griechisch in der VII. *B*; Deutsch in der III. *A*	17
12	Adam Wapienik, k. k. Professor, weltlich	Mathematik i. d IV. *A*, V. *B* und VIII. *A* u. *B*; Physik in der IV. *A* u. in der VIII. *A* u. *B*	20
13	Dr. Karl Reissenberger, k. k. Professor, weltlich	Deutsch in der VI. *A* u. *B* und i. d. VIII. *B*; Geschichte in der VI. *A*, VII *B*, VIII. *B*; philos. Propädeutik in der VIII. *B*	20
14	Franz Hubad, k. k. Professor, weltlich	Latein und Deutsch in der II. *B*; Latein in der V. *B*	18
15	Josef Mayrhofer, k. k. Professor, weltlich	Latein und Deutsch in der II. *A*; Griechisch in der III. *B*	17
16	Dr. Anton Mayr, k. k. Professor, weltlich	Latein in der V. *A* und VI. *A*; philos. Propädeutik in der VII. *A* u. *B* u. i. d. VIII. *A*	18
17	Alfred Heinrich, k. k. Professor, weltlich	Latein in der VII. *A* und VIII. *A*; Griechisch in der VIII. *A*	15

2*

Zahl	Namen	Lehrfach	Stunden-zahl
18	Anton Naumann, k. k. Professor, weltlich	Geographie in der I. A und B; Mathematik i. d. V. A, VI. A, VII. A; Physik i. d. VII. A	20
19	Dr. Hans König, k. k. Gymnasiallehrer, weltlich	Mathematik i. d. IV. B, V. C, VI. B u. VII. B; Physik in der IV. B und VII. B	20
20	Albin Nager, k. k. Gymnasiallehrer, weltlich	Latein in der V. C und VI. B; Griechisch in der VI. B	17
21	Anton Kasprot, Supplent, weltlich	Geschichte in der II. A und B, III A u. B, V. C und VI. B	20
22	Dr. Robert Leidenfrost, Senior u. evang. Pfarrer	Evang. Religionslehre in zwei Abtheilungen, zugleich für die Schüler des II. Staatsgymn.	2
23	Franz Schwenk, Supplent, weltlich	Griechisch in der IV. A und B und in der V. B; Deutsch in der IV. A	16
24	Dr. Johann Weiß, Supplent, geistlich	Religion in der II. B, III. A und B, IV. A und B	10
25	Karl Winkler, Supplent, weltlich	Latein in der III. B und IV. B; Deutsch in der III. B und IV. B	18
26	Dr. Mathias Max Steger, Supplent, weltlich	Deutsch in der V. A und B; Geschichte in der V. A und B und in der VII. A	15
27	Hans Schmierer, Volontär, weltlich	Mathematik und Naturgeschichte in der I. B	5
	Probe-Candidaten.		
28	Hans Satter, weltlich	Für Naturgeschichte am Obergymnasium und Mathematik und Physik am Untergymnasium	
29	Peter Mitteregger, weltlich	Für deutsche Sprache am Obergymnasium und classische Philologie am Untergymnasium	

Nebenlehrer.

1. Für slovenische Sprache (relativ-obligat:) Supplent Anton Kasprot.
2. Für Zeichnen (in der I. und II. Classe obligat): Ludwig R. von Kurz zu Thurn und Goldenstein, Professor am k. k. II. Staatsgymnasium.
3. Für französische Sprache: Georg Weitzenböck, Professor an der Landes-Oberrealschule in Graz.
4. Für Stenographie: Ignaz Wolf, Professor der Stenographie an der Handels-Akademie und Lehrer desselben Gegenstandes an der Universität und an der Landes-Oberrealschule in Graz.
5. Für Turnen: August Augustin.
6. Für Gesang: Leopold Wegschaider, Chormeister des Sing- und Männer-Gesangvereines in Graz.
7. Für Kalligraphie: Albin Nager, k. k. Gymnasiallehrer.
8. Für israel. Religionslehre: Dr. Samuel Mühsam, Rabbiner. Die betreffenden Schüler wurden in Gemeinschaft mit denen des II. Staats-Gymnasiums in einem Lehrzimmer des letzteren unterrichtet.

Schuldiener: Anton Achs.
Aushilfsdiener: Franz Kordut.

B. Lehrplan und Schulbücher
für die obligaten Gegenstände im Schuljahre 1884/85.

I. Classe in zwei Abtheilungen.

Ordinarius in der Abtheilung *A*: Prof. Willibald Rubatscher.
 „   „ „   „   *B*: Prof. Dr. Jakob Purgaj.

Religionslehre. 2 St. — Katholische Glaubens- und Sittenlehre nach Leinkauf.
In beiden Abth.: *Dr. Jos. Stary.*

Lateinische Sprache. 8 St. — Formenlehre der wichtigsten regelmäßigen Flexionen nach der Grammatik von Ellendt-Seyffert, eingeübt in beiderseitigen Übersetzungen aus dem Übungsbuche von Hauler. — Allwöchentlich 1 Comp. von einer halben Stunde. Memorieren, später häusliches Aufschreiben von lateinischen Übersetzungen und kleine Hausaufgaben.
In der Abth. *A*: *W. Rubatscher.*
 „   „   „   *B*: *Dr. J. Purgaj.*

Deutsche Sprache. 4 St. — Grammatische Formenlehre, der einfache Satz, Elemente des zusammengezogenen und zusammengesetzten Satzes nach der Grammatik von F. Willomitzer. Lesen, Sprechen, Memorieren. Vortragen aus Kummer und Stejskals Lesebuch für U.-G., I. Bd. Aufsätze im II. Semester monatlich 4, abwechselnd Schul- und Hausaufgaben.
In der Abth. *A*: *W. Rubatscher*
 „   „   „   *B*: *Dr. J. Purgaj.*

Geographie. 3 St. — Die wichtigsten Vorbegriffe zur Kenntnis der topischen und physikalischen Verhältnisse auf der Erde. Vergleichung der Gebirgszüge Europas unter einander und mit jenen der übrigen Welttheile, ebenso Vergleichung der Flüsse. Die nöthigsten Elemente der mathematischen Geographie zur Orientierung. Kleine Kartenskizzen. Kleine Schulgeographie von Seydlitz, Ausgabe für Österreich-Ungarn von Dr. Perkmann. Schulatlas von Kozenn.
In den Abth. *A* u. *B*: *A. Raumann.*

Mathematik. 3 St. — Arithmetik. Die vier Species in ganzen Zahlen, Theilbarkeit, die Brüche, das Rechnen mit mehrfach benannten Zahlen. Geometrische Anschauungslehre. Die Grundgebilde: Gerade, Kreis, Winkel und Parallelen. Das Dreieck mit Anschluss der Congruenzsätze. Die fundamentalen Constructionsaufgaben. Nach Močnik.
In der Abth. *A*: *Dr. A. Ausserer.*
 „   „   „   *B*: *H. Schmierer.*

Naturgeschichte. 2 St. — 1. Semester: Säugethiere, Weichthiere, Stachelhäuter und Schlauchthiere. 2. Semester: Gliederthiere und Würmer. Nach Pokorny.
In der Abth. *A*: *Dr. A. Ausserer.*
 „   „   „   *B*: *H. Schmierer.*

Zeichnen. 3 St. — Das geometrische Freihandzeichnen. Allgemeine Begriffe von den geometrischen Grundgebilden und ihre Darstellung auf der Zeichenfläche mit besonderer Bezugnahme auf das geometrische Flachornament.
In den Abth. *A* u. *B*: *L. R. v. Kurz.*

II. Classe in zwei Abtheilungen.

Ordinarius in der Abtheilung *A*: Prof. Josef Mayrhofer.
 „   „ „   „   *B*: Prof. Franz Hubad.

Religionslehre. 2 St. — Liturgik der kath. Kirche nach Hafenrichter.
In der Abth. *A*: *Dr. Jos. Stary.*
 „   „   „   *B*: *Dr. Joh. Weiss.*

Lateinische Sprache. 8 St. — Formenlehre der selteneren und unregelmäßigen Flexionen, eingeübt wie in der I. Classe. Grammatik von Ellendt-Seyffert. Übungsbuch von Hauler. Allwöchentlich 1 Comp. von einer halben Stunde. Memorieren wie in der ersten Classe, später häusliches Präparieren. Alle 14 Tage ein Pensum. In der Abth. *A*: *Jos. Mayrhofer.*
„ „ „ *B*: *Franz Hubad.*

Deutsche Sprache. 4 St. — Grammatik: Formenlehre, der zusammengezogene Satz; praktische Übungen in der Interpunction. Orthographische Dictate. Lesen u. s. w. wie in der I. Classe. Grammatik von Willomitzer, Lesebuch von Egger. Aufsätze monatlich 3, abwechselnd Schul- und Hausaufgaben. In der Abth. *A*: *Jos. Mayrhofer.*
„ „ „ *B*: *Franz Hubad.*

Geschichte und Geographie. 4 St. — *a)* Geographie, wöchentlich 2 St.: Fortsetzung der mathematischen Geographie in Bezug auf die Verhältnisse verschiedener Breitenlagen. Specielle Geographie Asiens und Afrikas, Allgemeine Übersicht Europas. Specielle Geographie von Süd- und Westeuropa, nach v. Seydlitz' kleiner Schulgeographie B. und Sydows Atlas. *b)* Geschichte, wöchentlich 2 St.: Geschichte des Alterthums mit besonderer Berücksichtigung des biographischen und sagengeschichtlichen Elementes, nach Hannacks Geschichte für U.-G., I. Bd. In beiden Abth.: *A. Kaspret.*

Mathematik. 3 St. — Arithmetik: Wiederholung und Durchübung der Bruchrechnung. Abgekürzte Multiplication und Division. Verhältnisse und Proportionen. Die einfache Regeldetrie mit Anwendung der Proportion und der Schlufsrechnung. Procentrechnung. Einfache Zins- und Discontrechnung. Münzen, Maße und Gewichte. Geom. Anschauungslehre: Congruenz der Dreiecke nebst Anwendungen. Der Kreis, das Viereck, das Polygon. Nach Močnik. In der Abth. *A*: *Dr. A. Ausserer.*
„ „ „ *B*: *Dr. F. Standfest.*

Naturgeschichte. 2 St. — 1. Semester: Wirbelthiere mit Ausschluss der Säugethiere. 2. Semester: Botanik. Beobachtung und Beschreibung einer mäßigen Anzahl von Samenpflanzen verschiedener Ordnungen und einiger Sporenpflanzen. Einiges über das natürliche Pflanzensystem. Nach Pokorny. In der Abth. *A*: *Dr. A. Ausserer.*
„ „ „ *B*: *Dr. F. Standfest.*

Zeichnen. 3 St. — Erklärung der perspectivischen und der Beleuchtungs-Erscheinungen auf dem Wege der Anschauung. Zeichnen flacher geometrischer Gebilde nach Drahtmodellen und Darstellung geometrischer Körper mit Inbegriff der Schattenangabe nach Draht- und Holzmodellen. Die ornamentalen Kunstformen. Elemente des Flachornamentes.
In beiden Abth.: *L. R. v. Kurz.*

III. Classe in zwei Abtheilungen.

Ordinarius in der Abtheilung *A*: Prof. Cajetan Hoffmann.
„ „ „ „ *B*: Suppl. Karl Winkler.

Religionslehre. 2 St. — Geschichte der göttlichen Offenbarung des alten Bundes nach Peuker. In beiden Abth.: *Dr. Joh. Weiss.*

Lateinische Sprache. 6 St. — Lectüre 3 St.: Aus Nepos von A. Weidner. Grammatik 3 St. nach Ellendt-Seyffert: Lehre von der Congruenz, vom Gebrauche der Casus und der Präpositionen; Übersetzungen aus Haulers Übungsbuch. Alle 14 Tage eine Haus- und Schularbeit. In der Abth. *A*: *C. Hoffmann.*
„ „ „ *B*: *K. Winkler.*

Griechische Sprache. 5 St. — Regelmäßige Formenlehre bis zum Perfectstamm, nach Curtius' Grammatik, eingeübt nach Schenkls Elementarbuch. Monatlich eine Schularbeit, alle 14 Tage eine Hausarbeit.
In der Abth. *A*: *C. Hoffmann.*
„ „ „ *B*: *J. Mayrhofer.*

Deutsche Sprache. 3 St. — Formenlehre und Wortbildung. Casuslehre (das Wichtigste) nach Willomitzers Grammatik. Lectüre und Stilistik in steter Wechselseitigkeit. Vortrag ausgewählter Gedichte (ex memoria) nach Eggers Lesebuch. Monatlich eine Schul- und eine Hausarbeit.
In der Abth. *A*: *G. Mittersiller.*
„ „ „ *B*: *K. Winkler.*

Geschichte und Geographie. 3 St. — *a)* Geographie: Übersichtliche Darstellung der mathematischen Geographie im Zusammenhange. Vergleichende specielle Geographie von Nord-, Ost- und Mitteleuropa mit Ausschluß der österr. ung. Monarchie. Specielle Geographie Amerikas und Australiens nach v. Seydlitz' Schulgeographie B. *b)* Geschichte des Mittelalters mit Hervorhebung der Hauptereignisse aus der Geschichte der österr. ung. Monarchie, nach Hannaks Lehrbuch für U.-G., II. Bd.
In beiden Abth.: *A. Kaspret.*

Mathematik. 3 St. — Arithmetik. Das abgekürzte Rechnen mit unvollständigen Zahlen. Die vier Grundoperationen in ganzen und gebrochenen allgemeinen Zahlen. Potenzieren. Quadrat- und Cubikwurzel. Geom. Anschauungslehre: Der Kreis, die Ellipse, Parabel und Hyperbel. Nach Močnik.
In der Abth. *A*: *Dr. A. Ausserer.*
„ „ „ *B*: *Dr. F. Standfest.*

Naturwissenschaften. 2 St. — I. Semester: Mineralogie, nach Pokorny. II. Semester. Experimentalphysik: Allgemeine Eigenschaften der Körper. Wärmelehre. Chemische Grundbegriffe. Nach Krist's Anfangsgründe der Naturlehre.
In der Abth. *A*: *Dr. A. Ausserer.*
„ „ „ *B*: *Dr. F. Standfest.*

IV. Classe in zwei Abtheilungen.

Ordinarius in der Abtheilung *A*: Prof. Dr. Franz Mayer.
„ „ „ „ *B*: Gymnasiallehrer Dr. H. König.

Religionslehre. 2 St. — Geschichte der göttlichen Offenbarung des neuen Bundes nach Pouker.
In beiden Abth.: *Dr. Joh. Weiss.*

Lateinische Sprache. 6 St. — Lectüre, 3 St.: Aus Caesars bellum Gallicum ed. Prammer, lib. I. II. vollständig und VI. mit Auswahl. Grammatik nach Elendt-Seyffert, 3 St.: Eigenthümlichkeiten im Gebrauche der Nomina, die Tempus- und Moduslehre, Elemente der Metrik; Übersetzungen aus Haulers Übungsbuch für die IV. Classe. Ovid ed. Sedlmayer: Auswahl aus den Metamorphosen. Alle 14 Tage eine Haus-, alle 3 Wochen eine Schularbeit.
In der Abth. *A*: *J. Gutscher.*
„ „ „ *B*: *K. Winkler.*

Griechische Sprache. 4 St. — Perfect- und Passivstamm, Verba auf μι. Verba anomala. Hauptpuncte der Syntax. Griechische und deutsche Übungsstücke aus Schenkls Elementarbuch. Alle 14 Tage eine Haus- und alle 4 Wochen eine Schularbeit.
In beiden Abth.: *F. Schwenk.*

Deutsche Sprache. 3 St. — Syntax des zusammengezogenen Satzes, die Periode. Grundzüge der Prosodik und Metrik, nach der Grammatik von Willomitzer. Lectüre nach Eggers Lesebuch mit grammatischen und stilistischen Erklärungen. Memorieren und Vortragen. Monatlich eine Schul- und eine Hausarbeit.
In der Abth. *A*: *F. Schwenk.*
„ „ „ *B*: *K. Winkler.*

Geschichte und Geographie. 4 St. — I. Semester. Übersichtliche Darstellung der Geschichte der Neuzeit mit Hervorhebung der für den habsburgischen Gesammtstaat wichtigsten Personen und Begebenheiten. — II. Semester. Specielle physikalische und politische Geographie der österr. ungar. Monarchie mit Rückblicken auf die wichtigsten Thatsachen ihrer Geschichte unter Hervorhebung des engeren Heimatlandes. Nach Hannak.
In beiden Abth.: *Dr. F. Mayer.*

Mathematik. 3 St. — Die Lehre von den Gleichungen mit einer und mit mehreren Unbekannten. Die zusammengesetzte Regeldetrie, der Kettensatz, die Zinseszinsrechnung. Stereometrie. Nach Močnik.
In der Abth. *A: A. Wapienik.*
„ „ „ *B: Dr. H. König.*

Physik. 3 St. — Mechanik, Magnetismus, Elektricität, Akustik, Optik, strahlende Wärme. Nach Krist.
In der Abth. *A: A. Wapienik.*
„ „ „ *B: Dr. H. König.*

V. Classe in drei Abtheilungen.

Ordinarius in der Abtheilung *A*: Prof. Dr. A. Mayr.
 „ „ „ „ *B*: Prof. A. Wapienik.
 „ „ „ „ *C*: Prof. F. Korp.

Religionslehre. 2 St. — Allgemeine katholische Glaubenslehre nach Wappler.
in allen Abth.: *Dr. Jos. Stary.*

Lateinische Sprache. 6 St. — Livius lib. I. und Auswahl aus XXI. Ovid (edit. Sedlmayer): Metam. Nr. 1, 2, 3, 4, 13; Trist. Nr. 6. Grammatik: Wiederholung der Casuslehre, Stilübungen 1 St. in der Woche. Monatlich eine Haus- und eine Schularbeit.
In der Abth. *A: Dr. A. Mayr.*
„ „ „ *B: F. Hubad.*
„ „ „ *C: A. Nager.*

Griechische Sprache. 5 St. — Lectüre 4 St. I. Semester: Auswahl aus Schenkls Chrestomathie aus Xenophon. II. Semester: Ilias I. II. ed. Zechmeister und jede Woche 1 St. Lectüre aus Xenophon. 1 St. Grammatik nach Curtius: Casuslehre, Präpositionen, Moduslehre. Memorieren. Präpar. Monatlich eine Haus- oder Schularbeit.
In der Abth. *A: W. Rubatscher.*
„ „ „ *B: F. Schwenk.*
„ „ „ *C: F. Korp.*

Deutsche Sprache. 3 St. — Lectüre mit besonderer Rücksicht auf die Charakteristik der epischen, lyrischen und didaktischen Dichtungsgattungen nach dem Lesebuche V. Bd. von Kummer und Stejskal; die Volksepen nach Uhland. — Grammatik alle 14 Tage 1 St: Lautlehre und Wortbildung der neuhochd. Sprache. Memorieren und Vortragen. — Monatlich eine Schul- und Hausarbeit.
In den Abth. *A und B: Dr. M. Steger.*
In der Abth. *C: F. Korp.*

Geschichte und Geographie. 3 St. — Geschichte des Alterthums, vornehmlich der Griechen und Römer bis zur Unterwerfung Italiens unter steter Berücksichtigung der geographischen Verhältnisse der entsprechenden Länder. Nach Gindely. Jede zweite Woche wurde eine Stunde der allgemeinen Besprechung der Erdoberfläche insbesondere mit Bezugnahme auf deren physikalischen Erscheinungen gewidmet. Nach Seydlitz.
In den Abth. *A und B: Dr. M. Steger.*
In der Abth. *C: A. Kasprel.*

Mathematik. 4 St. — Arithmetik, 2 St.: Die vier Grundoperationen. Die negativen und die gebrochenen Zahlen. Eigenschaften der Zahlen.

Proportionen. Gleichungen des 1. Grades mit einer und mit mehreren Unbekannten. Nach Močnik. — Geometrie, 2 St.: Planimetrie. Nach Wiegand.
In der Abth. *A: A. Naumann.*
„ „ „ *B: A. Wapienik.*
„ „ „ *C: Dr. H. König.*

Naturgeschichte. 2 St. — I. Semester. Mineralogie. Nach Dr. Franz Standfest, Leitfaden für den mineralogischen Unterricht. II. Semester. Botanik. Nach Dr. M. Wretschko, Leitfaden der Botanik.
In der Abth. *A: Dr. A. Ausserer.*
In den Abth. *B* und *C: Dr. F. Standfest.*

VI. Classe in zwei Abtheilungen.

Ordinarius in der Abtheilung *A*: Prof. Dr. Karl Reissenberger.
„ „ „ „ *B*: Gymnasiallehrer Albin Nager.

Religionslehre. 2 St. — Besondere katholische Glaubenslehre nach Wappler.
In beiden Abth.: *Dr. Jos. Stary.*

Lateinische Sprache. 6 St. — Sallusts Iugurtha; Ciceros erste Catilinarische Rede; Vergil: Auswahl aus Georg. und Bucol., Aeneis I., Caes. de bello civ. I. Grammatik: Wiederholung der Moduslehre. Stilübungen, wöchentlich 1 St. Monatlich eine Schul- und Hausarbeit.
In der Abth. *A: Dr. A. Mayr.*
„ „ „ *B: A. Nager.*

Griechische Sprache. 5 St. — Homers Il. I. II, III, IV ed. Hochegger-Zechmeister. Herodot V—VIII (Auswahl nach „Herodots Perserkriege" von Hintner). Xenophons Anabasis IV, 4—6 nach Schoukls Chrestomathie aus Xenophon. Wöchentlich eine Stunde Grammatik, alle 4 Wochen eine Schul- oder Hausaufgabe.
In der Abth. *A: Dr. J. Purgaj.*
„ „ „ *B: A. Nager.*

Deutsche Sprache. 3 St. — Grammatik, alle 14 Tage eine Stunde: Genealogie der germanischen Sprachen, Einführung in einige wichtigere Principien der Sprachbildung. Lectüre zum größeren Theile aus dem Lesebuche, „Egger, II. Thl.", außerdem Lessings „Minna von Barnhelm" (in der Schule) und „Emilia Galotti" (zu Hause). Geschichte der deutschen Literatur bis auf die Periode des Sturms und Drangs. Alle drei Wochen ein Aufsatz.
In beiden Abth.: *Dr. K. Reissenberger.*

Geschichte und Geographie. 3 St. — Geschichte der römischen Kaiserzeit und des Mittelalters nach Gindely unter steter Berücksichtigung der Culturgeschichte und der Geographie nach Seidlitz.
In der Abth. *A: Dr. K. Reissenberger.*
„ „ „ *B: A. Kaspret.*

Mathematik. 4 St. — Algebra: Die Lehre von den Potenzen, Wurzeln, Logarithmen und imaginären Zahlen. Bestimmte Gleichungen des ersten Grades mit einer oder mehreren Unbekannten und quadratische Gleichungen mit einer Unbekannten, nach Močnik. Geometrie: Stereometrie und ebene Trigonometrie. Nach Wiegand.
In der Abth. *A: A. Naumann.*
„ „ „ *B: Dr. H. König.*

Naturgeschichte. 2 St. — In beiden Semestern: Zoologie. Nach Dr. O. Schmidt.
In der Abth. *A: Dr. A. Ausserer.*
„ „ „ *B: Dr. F. Standfest.*

VII. Classe in zwei Abtheilungen.

Ordinarius in der Abtheilung *A*: Prof. Anton Naumann.
    „   „   „   „   *B*: Prof. Gabriel Mitterstiller.

Religionslehre. 2 St. — Katholische Sittenlehre nach Wappler.

In beiden Abth.: *Dr. Jos. Stary.*

Lateinische Sprache. 5 St. — Lectüre: Cic. orat. in Catilinam I bis III, pro Marcello und das Somnium Scipionis. Verg. Aen. lib. II und VI. Wöchentlich 1 Stunde stilistische Übungen aus Süpfle, II. Th. Monatlich eine Schularbeit und eine Hausarbeit.

In der Abth. *A*: *A. Heinrich.*

   „   „   „ *B*: *G. Mitterstiller.*

Griechische Sprache. 4 St. — I. Semester: Demosthenes olynthische Reden I—III. ed. Pauly. II. Semester: Ilias XVIII., XXII., XXIV. ed. Scheindler. Grammatisch-stilistische Übungen wöchentlich eine Stunde. Monatlich eine Haus- oder eine Schularbeit.

In der Abth. *A*: *F. Korp.*

   „   „   „ *B*: *G. Mitterstiller.*

Deutsche Sprache. 3 St. — Lectüre: Klopstock, Lessing, Herder, Goethe, Schiller und die bez. Literaturgeschichte bis Schillers Tod nach Eggers Lesebuch, II. Th., I. Bd. — Außerdem wurden theils in der Schule, theils privatim gelesen: Lessings „Minna v. Barnhelm", „Emilia Galotti", „Nathan"; Goethes „Götz von Berlichingen" und „Egmont"; Schillers „Braut von Messina". Redeübungen. Alle drei Wochen eine Haus- oder eine Schularbeit.

In der Abth. *A*: *F. Korp.*

   „   „   „ *B*: *Dr. F. Mayer.*

Geschichte und Geographie. 3 St. — Geschichte der Neuzeit unter steter Berücksichtigung der culturhistorischen und geographischen Momente. Nach Gindely und Seydlitz.

In der Abth. *A*: *Dr. M. Sleger.*

   „   „   „ *B*: *Dr. K. Reissenberger.*

Mathematik. 3 St. — Gleichungen zweiten Grades mit einer und mehreren Unbekannten, und solchen höheren Grades, die sich auf quadratische zurückführen lassen. Kettenbrüche. Unbestimmte Gleichungen. Arithmetische und geometrische Progressionen. Zinseszins- und Rentenrechnung, Combinationslehre, binomischer Lehrsatz, nach Močnik. Trigonometrie nach Wiegand und analytische Geometrie nach Frischauf.

In der Abth. *A*: *A. Naumann.*

   „   „   „ *B*: *Dr. H. König.*

Physik. 3 St. — Allgemeine Eigenschaften der Körper. Statik und Dynamik fester, tropfbarflüssiger und gasförmiger Körper. Wärmelehre, Chemie. Nach Dr. Alois Handls Lehrbuch der Physik.

In der Abth. *A*: *A. Naumann.*

   „   „   „ *B*: *Dr. H. König.*

Philosophische Propædeutik. 2 St. — Formale Logik nach G. A. Lindner.

In beiden Abth.: *Dr. A. Mayr.*

VIII. Classe in zwei Abtheilungen.

Ordinarius in der Abtheilung *A*: Prof. Alfred Heinrich.

    „   „   „   „   *B*: Prof. Dr. Jos. Stary.

Religionslehre. 2 St. — Geschichte der Kirche Jesu nach Fessler.

In beiden Abth.: *Dr. Jos. Stary.*

Lateinische Sprache. 5 St. — Lectüre: Tacitus Germania, cc. 1—27. Annalen, ausgewählte Partien. ed. Müller. Horatius, ausgewählte Partien aus Oden, Epoden, Satiren und Episteln. ed. Huemer. Wöchent-

lich eine Stunde grammatisch-stilistische Übungen, monatlich eine Schul- und eine Hausarbeit. In der Abth. A: A. Heinrich.
" " " B: G. Milterstiller.

Griechische Sprache. 5 St. — Platons Apologie und Kriton, ed. Hermann. Sophokles' Electra ed. Schubert. Homers Odyssee IX, X, XI, XII, ed. Pauly. Wöchentlich 1 Stunde Grammatik, alle 4 Wochen eine Schularbeit. In der Abth. A: A. Heinrich.
" " " B: C. Hoffmann.

Deutsche Sprache. 3 St. — Lectüre zum Theil aus dem Lesebuche, „Egger", II. Th., 2. Bd. Außerdem Lessings „Nathan" und „Laokoon", Goethes „Hermann und Dorothea", Schillers „Maria Stuart" und seine Abhandlung „Über naive und sentimentalische Dichtung" in der Schule, „Götz", „Egmont", „Clavigo", „Tasso", „Wallenstein", Shakesperes „Julius Caesar" zu Hause. Literaturgeschichte von Schillers bis zu Goethes Tode. Alle 3 Wochen ein Aufsatz. Redeübungen.
In der Abth. A: Dr. F. Mayer.
" " " B: Dr. K. Reissenberger.

Geschichte und Geographie. 3 St. — I. Semester: Geschichte der österr. ungar. Monarchie. II. Semester: Geographie und Statistik von Österreich-Ungarn. Nach Hannak. In der Abth. A: Dr. F. Mayer.
" " " B: Dr. K. Reissenberger.

Mathematik. 3 St. — Übungen in der Auflösung mathematischer Probleme. Wiederholung der wichtigsten Partien des mathematischen Lehrstoffes. Nach Močnik. In beiden Abth.: A. Wapienik.

Physik. 3 St. — Wärmelehre, Magnetismus, Elektricität, Wellenlehre, Akustik, Optik. Nach Münch. In beiden Abth.: A. Wapienik.

Philosophische Propædeutik. 2 St. — Empirische Psychologie nach G. A. Lindner. In der Abth. A: Dr. A. Mayr.
" " " B: Dr. K. Reissenberger.

C. Lehrplan für die sub B nicht verzeichneten Gegenstände.

Evangelischer Religionsunterricht. 2 St. — Den evangelischen Religionsunterricht besuchten 43 Schüler (davon 10 des II. Staatsgymnasiums) in zwei Abtheilungen.

I. **Abtheilung.** Aus der biblischen Geschichte: Das Leiden und Sterben Jesu, dessen Auferstehung und Himmelfahrt und die Aneignung des Heils in der christlichen Gemeinde, a) unter den Juden, b) unter den Heiden. Aus dem Katechismus: Vom Glauben und vom Gebete. — Kirchenlieder.

II. **Abtheilung.** Einleitung in die Schriften des alten und neuen Testamentes. Gelesen wurde der Brief an die Römer. Dr. R. Leidenfrost.

Israelitische Religionslehre. 2. St. — Untere Abtheilung. a) Religion: Äußere Gottesverehrung: Gebet und Ceremoniell für die Wochen-, Sabbat- und Festtage. b) Biblische Geschichte: Wiederholung vom Anfang bis David nach Ehrmann, „Biblische Geschichte." Obere Abtheilung: a) Religion: Die Eigenschaften Gottes an sich und im Verhältnisse zur Welt nach Philippsons „Religionslehre". b) Nachbiblische Geschichte von den Makkabäern bis zur Vollendung der Mischna nach Hecht, „Israelitische Geschichte". Privatlectüre: Bibel im Urtexte. Dr. S. Mühsam.

Slovenische Sprache. (Als zweite Landessprache obligat.) Der Unterricht wurde in drei Abtheilungen, die aus Schülern aller Classen nach

dem Verhältnisse der Vorkenntnisse zusammengesetzt waren, ertheilt. Die Schülerzahl betrug anfangs 49, am Ende 42. Die I. Abtheilung, wöchentlich 2 Stunden für Anfänger, enthielt 21 Deutsche und 6 Slovenen. Lehrbuch: Slovenisches Sprach- und Übungsbuch von Dr. Šket. Die II. Abtheilung, wöchentlich 2 St. für vorgerücktere Schüler, bestand aus 8 Deutschen und 3 Slovenen. Lesebuch von Dr. Šket. Die III. Abtheilung bestand aus 9 Deutschen und 2 Slovenen. Lesebuch: Cvetnik, Ob.-G. von Janežič. Wöchentlich 2 Stunden. Lesen ausgewählter Aufsätze und einzelner Gedichte. Grammatik in der III. Abtheilung: Slovnica von A. Janežič.
A. Kaspret

Französische Sprache. Wöchentlich 2 Stunden. Zwei Curse (Anfänger und Vorgeschrittene) mit getheiltem Unterricht. 39 Theilnehmer im 1., 20 im II. Semester. Mit den Anfängern wurde die Elementargrammatik von Ploetz durchgearbeitet. Die vorgeschrittenen Schüler lasen je eine Wochenstunde Bruchstücke aus Barthélemy, „Voyage du jeune Anacharsis", die zweite Stunde wurde grammatischen Übungen gewidmet.
G. Weitzenböck.

Steiermärkische Geschichte. 2 St. wöchentlich. Schülerzahl: 16. An der Preisprüfung betheiligten sich 8 Schüler. Lehrbuch: K. Hirsch, Heimatkunde des Herzogthums Steiermark.
Dr. F. M. Mayer.

Stenographie. In zwei Abtheilungen mit 8 St. wöchentlich. Schülerzahl: Anfangs 138, am Schlusse 101. I. Abtheilung, Anfänger, 67 Schüler. Lehrbuch von Scheller. Die Wortbildungs- und Wortkürzungslehre im vollen Umfange, mit ausgedehnten praktischen Übungen. Einführung in die Satzkürzungslehre als Vorbereitung für den II. Jahrgang. II. Abtheilung, geübtere Schüler, Schülerzahl: 37. Lehrbuch wie oben. Vollständige Satzkürzungslehre mit Einschlufs der logischen Kürzung. Mehrfache Leseübungen stenographischer Zeitschriften. Dictandoschreiben.
J. Wolf.

Freihandzeichnen. 4 St. wöchentlich. — Unobligater Gegenstand für die Schüler der III. bis VIII. Classe. Schülerzahl: 41. Perspectivische Darstellung von Körpergruppen. Farbenlehre. Fortsetzung des Ornamentenzeichnens mit Bezugnahme auf die Charakteristik der verschiedenen Stilarten nach Vorlagen und Gypsmodellen. Die Proportionen des menschlichen Gesichtes und Kopfes. Zeichnen des menschlichen Kopfes nach geeigneten Studienköpfen und Gypsmodellen (Reliefs und antiken Büsten).
L. Ritter v. Kurz.

Turnen. In 2 Abtheil. mit je 2 St. wöchentlich. Schülerzahl am Schlusse: 137.
A. Augustin.

Gesang. In zwei Abtheilungen, zusammen in 4 St. wöchentlich. I. Abtheilung für Anfänger, 2 St. wöchentlich. Schülerzahl: 18. II. Abtheilung, für Vorgerücktere, 2 St. wöchentlich. Schülerzahl: 41. Gesammte Schülerzahl: 59.
L. Wegschaider.

Kalligraphie. In zwei Abtheilungen mit je 1 St. wöchentlich. 50 Schüler der I. und II. Classe. Die Current- und englische Schrift nach Prof. Fritschs Methode.
A. Nager.

D. Themen zu den deutschen Aufsätzen.

V. Classe. A.

1. Schilderung einer Herbstlandschaft. — 2. Warum nennt Herodot Aegypten ein Geschenk des Nil? — 3. Ursachen der phönizischen Handelsgröße. — 4. Vorzüge der Tugend. — 5. Welchen Nutzen haben für uns die Wälder? — 6. Wie Siegfried erschlagen ward. — 7. Das Eisen im Dienste des Menschen. — 8. Auch das Recht erliegt bisweilen der List und Tücke Macht. (Fabel.) — 9. Klein Roland v. Uhland. — 10. Gudrun, die lieblichste Gestalt in der Hegelingensage. — 11. Leonidas, das glänzendste Beispiel spartanischer Tapferkeit. — 12. Die Niobesage (nach Ovid). 13. Hildebrand's Treue gegen Dietrich von Bern. — 14. Die Ehrfurcht vor dem Alter sei der Jugend heilig. *Dr. Max Steger.*

V. Classe B.

1. Mein schönster Ferientag. — 2. Was machte die Phönizier zu einem so bedeutenden Handelsvolke? — 3. In welchen Punkten unterscheidet sich die natürliche Beschaffenheit Asiens von jener Afrikas? — 4. Der Ring des Polykrates. — 5. „Schön ist nach dem großen das kleine Heldenthum". — 6. Der Kriegszug des jüngeren Cyrus gegen seinen Bruder Artaxerxes nach Xenophon. — 7. Hagen im Nibelungenliede. *Dr. K. Reissenberger.* 8. Belsazer von Heine. — 9. Der Bösewicht, der andern eine Schlinge legt, verstrickt sich selbst darin (Fabel). — 10. Athens Fall am Ausgange des peloponnesischen Krieges. — 11. Wert der Beredtsamkeit. — 12. Charakteristik Dietrichs von Bern. — 13. Die Niobesage (nach Ovid). — 14. Die Vertreibung der Tarquinier. *Dr. M. Steger.*

V. Classe C.

1. Inhalt und Grundgedanke in Schillers „Der Ring des Polykrates". — 2. Vox populi, vox dei, mit Bezug auf Schillers „Der Kampf mit dem Drachen. — 3. a) Wie Aeneas nach Italien kam; b) Hercules und Euander. Nach Livius. — 4. Der Raub der Sabinerinnen. Nach Livius. — 5. Die Schlacht bei Kunaxa. Nach Xenophon. — 6. Kyros' Charakter. Nach Xenophon. — 7. Die Composition und Sprache in Goethes „Erlkönig". — 8. Der Entwicklungsgang der menschlichen Cultur. Nach Schillers „Das eleusische Fest". — 9. a) Charakteristik Hagens; b) Rüdiger von Bechelaren. Nach dem Nibelungenliede. — 10. Der Streit des Achilles und Agamemnon. Nach Ilias I. — 11. Der Kampf des Frühlings mit dem Winter. Nach der Lectüre. — 12. Die Erziehung bei den Persern. Nach Xenophon. — 13. Erklärung der Goetheschen Parabel: „Adler und Taube". — 14. Über den ästhetischen Wert der Blumen. *F. Korp.*

VI. Classe A.

1. „Die Elemente hassen das Gebild der Menschenhand". Schiller. — 2. Die Lichtseiten des römischen Kaiserthums. — 3. Der Große stirbt, das Große aber nicht — 4. Die Volksversammlung im zweiten Gesange der Iliade. — 5. Am Jahresschlusse. — 6. Alfred der Große. — 7. Principiis obsta. — 8. Inhalt des zweiten Gesanges in Wielands Oberon. — 9. Hektors Abschied von Andromache bei Homer und bei Schiller. — 10. Stadt- und Landleben nach Vergil. (Georg. II.) — 11. Worin hat das Interesse seinen Grund, das wir an den Trümmern einer alten Ritterburg nehmen? — 12. Wozu hat Lessing in seinem Lustspiele „Minna von Barnhelm" die Person des Lieutenants Riccaut de la Marliniere eingeführt? *Dr. K. Reissenberger.*

VI. Classe B.

1. Der Herbst, eine Zeit der Freude, aber auch der Wehmuth. — 2. Wie Dietrich Gunther und Hagen bezwang. — 3. Laudamus veteres, sed nostris utimur annis. Ovid. — 4. Was leisteten die Klöster für die Cultur? — 5. Weihnachten. — 6. Glaukos und Diomedes nach Homer. II. VI. — 7. „Des Lebens ungemischte Freude ward keinem Irdischen zu theil". Schiller. — 8. Klopstocks Bedeutung für die deutsche Literatur. — 9. Was ist dem Menschen die Erinnerung? — 10. Der Gang der Handlung in Lessings „Emilia Galotti". — 11. Wie wurde Rudolf von Habsburg ein Liebling des deutschen Volkes? — 12. Charakteristik des Wirthes in Lessings „Minna von Barnhelm". *Dr. K. Reissenberger.*

VII. Classe A.

1. Begeist'rung ist die Sonne, die das Leben befruchtet, tränkt und reift in allen Sphären. Zedlitz. — 2. Veranlassung und Zweck der ersten olynthischen Rede des Demosthenes. — 3. Disposition der ersten olynthischen Rede. — 4. Freie Nachbildung der zweiten olynthischen Rede. — 5. a) Inwiefern ist Lessings „Minna von Barnhelm" ein nationales Drama? b) Tell-

heim und Riccaut. Vergleichende Charakteristik. — 6. Odoardo Galotti. Charakterbild nach Lessing. — 7. a) Die Parabel von den drei Ringen in Lessings „Nathan" und ihre Bedeutung. b) Die Fabel in Lessings „Nathan". — 8. Wodurch zeigt sich in „Götz von Berlichingen" der Eintritt einer neuen Zeit? — 9. Laokoonsage. Nach Vergil. — 10. a) Charakteristik Egmonts. b) Der Niederländer. Nach Goethes „Egmont". — 11. Die Composition und Idee in Schillers Romanze „Der Graf von Habsburg". — 12. Achilles und Hektor in der Ilias. Charakterparallele.
F. Korp.

VII. Classe B.

1. (II.-A.) Über Herders Ausspruch: „Lerne schweigen, o Freund, denn Silber wohl gleicht die Rede, aber zur rechten Zeit schweigen ist lauteres Gold." — 2. (Sch.-A.) Erklärung der Klopstockischen Ode: Die beiden Musen. — 3. (II.-A.) a) „Wie der Herr, so der Diener." Charakteristiken nach Goethes „Götz von Berlichingen". b) Charakteristik „Egmonts". — 4. (Sch.-A.) Exposition in Goethes a) „Egmont", b) „Götz v. Berlichingen". — 5. (II.-A.) „Welche Gefahren stellen sich dem Forschungsreisenden entgegen?" — 6. (Sch.-A.) a) Was tadelt Lessing an Voltaires Semiramis? b) Welche Gefahren hatte Österreich zur Zeit Kaiser Leopold I. zu bestehen? — 7. (II.-A.) Charakteristik des Sultan Saladin (nach Lessings „Nathan"). — 8. (Sch.-A.) a) Die Geschichte des Tempelherrn. b) Die Fabel in Lessings „Nathan". — 9. (II.-A.) Über den Spruch: „Gold liegt tief im Berge". — 10. (Sch.-A.) a) Der Heldenkampf Österreichs im Jahre 1809. b) Inhaltsangabe vom somnium Scipionis. — 11. (II.-A.) a) Die Exposition von Lessings „Emilia Galotti". b) „Das Meer als Freund und Feind des Menschen." — 12. a) Die Composition und Idee von Schillers „Der Ring des Polykrates". b) Der Anfang unseres Jahrhunderts (nach Schillers gleichnamigem Gedichte).
Dr. Franz Mayer.

VIII. Classe A.

1. Wir Menschen werden wunderbar geprüft. Wir könnten's nicht ertragen, hätt' uns nicht den holden Leichtsinn die Natur verliehen. (Goethe, „Tasso".) — 2. a) Wie entstand der schlechte Leumund des Sokrates? b) Wie erfolgt die Verständigung zwischen Nathan und dem Tempelherrn? (Lessing, „Nathan".) — 3. Der Conflict der Pflichten, durch welchen Max Piccolomini untergieng. (Schiller, „Wallensteins Tod".) — 4. a) Wie gewinnt Octavio Piccolomini Isolani und Buttler für sich? b) Gordon, der Commandant von Eger. (Schiller, „Wallensteins Tod".) — 5. a) Welches Land übt auf die Deutschen eine größere Anziehungskraft aus, Italien oder Griechenland? b) Der Sänger. (Nach verschiedenen Gedichten von A. W. Schlegel, Schiller, Goethe und Uhland.) 6. a) Lessing über das oberste Gesetz der Kunst bei den Griechen. b) Durch welche Begebenheiten wurde Österreich eine Großmacht? 7. a) Rede, gehalten bei der Enthüllung eines Andreas Hofer-Denkmals. b) Rede, gehalten bei der Eröffnung einer Volksschule. 8. a) Der Tod des Germanicus. (Nach des Tacitus' Annalen.) b) Das Leben Tassos in Ferrara (Goethe, „Tasso".) — 9. Wo viel Freiheit, ist viel Irrthum, doch sicher ist der schmale Weg der Pflicht. (Schiller, „Wallensteins Tod".) 10. a) Die industrielle Thätigkeit Österreichs. (Ein Culturbild.) b) Welchen Einfluss üben die Berge auf den Menschen? — 11. a) Der Höhepunkt in Schillers „Maria Stuart". b) Welche Spuren seines Daseins hat der Mensch der Erde eingedrückt? — 12. Mit welchem Rechte kann man den Ausspruch des Dichters Horaz „Nil mortalibus ardui est" auf unser Jahrhundert anwenden?
Dr. Franz Mayer.

VIII. Classe B.

1. Warum ist das Glück oft schwerer zu ertragen, als das Unglück? — 2. a) Die Vorfabel in Lessings „Nathan". b) Verwicklung und Lösung des Knotens in Lessings „Nathan". — 3. Einfluss des Verkehrs auf die Bildung des einzelnen Menschen. — 4. a) Welche Folgen hatte die Eroberung Constantinopels durch die Osmanen für das Abendland? b) Wie ist der Satz des Sokrates zu verstehen, dafs die fähigsten Köpfe am meisten die Bildung nöthig haben? — 5. Fabel des goetheschen Egmont. b) Charakteristik Egmonts. — 6. Mit welchen Gründen widerlegt Lessing (Laokoon 11 ff.) die Ansichten des Grafen Caylus über die homerischen Gemälde.
A. Faulhammer.

7. „Himmel und Erde befolgt ewiges, festes Gesetz". Goethe. — 8. Wodurch ward das Nationalgefühl unter den Griechen erhalten und gestärkt? — 9. Ζεύς γάρ ἐμαχέ θεός. Soph. Elektra. — 10. Der Charakter Hermanns in Goethes idyllischem Epos. — 11. Inwiefern durfte Antonius in Shakespeares „Julius Caesar" dem todten Brutus nachrufen: „Dies war ein Mann!"? — 12. (Für die Schüler, welche sich der Maturitätsprüfung nicht unterzogen haben): „Heilig sei dir der Tag, doch schätze das Leben nicht höher als ein anderes Gut und alle Güter sind trüglich". Goethe.
Dr. K. Reissenberger.

E. Lehrmittel-Sammlungen.

1. Bibliothek.

a) Lehrerbibliothek.

Custoden: die Professoren Dr. Jacob Purgaj, Gabriel Mitterstiller und Franz Korp.

α) Ankauf.

Mittheilungen des hist. Vereines für Steiermark 1884, und Beiträge zur Kunde steierm. Geschichtsquellen, 20. Jahrg. — Zeitschrift für die österr. Gymnasien — Mittheilungen der k. k. geogr. Gesellschaft in Wien 1885. — Wiedemann, Beiblätter zu den Annalen der Physik und Chemie, v. Poggendorf 1885. — Petermanns geogr. Mittheilungen. — Berliner Zeitschrift für das Gymnasialwesen von Kern u. Müller. — Zeitschrift für den mathem. und naturwissenschaftl. Unterricht v. I. C. V. Hoffmann. — Deutsche Literaturzeitung v. M. Rödiger 1885. — Archiv für latein. Lexicographie v. Ed. Wölfflin, I. Jg. — Wiener Studien, Zeitschrift f. class. Philologie. — Mittheilungen d. naturwissenschaftl. Vereines für Steiermark 1884. — Hauptrepertorium über sämmtl. Vorträge etc., welche sich in den Heften 1—20 der Mittheilungen des naturwissenschaftl. Vereines für Steiermark befinden. — Verhandlungen der zool.-botan. Gesellschaft in Wien 1884. — Neudrucke deutscher Literaturwerke d. 16. u. 17. Jh. Nr. 15—18. — Grimm, Deutsch. Wörterbuch, VII, 2 u. 5; VI, 13 u. 14; IV, 1, 2, 6; VII 6. — K. Goedeke, Grundriss zur Geschichte der deutschen Dichtung, 2. Aufl., Heft 1—2. — Ysengrimus, ed. E. Voigt. — Grimm, kl. Schriften, VIII. Bd. — Bergk, Griech. Literaturgesch, III. — A. Baumeister, Denkmäler d. class. Alterthums, Lief. 1—20. — Roscher, ausführl. Lexicon d. griech. und röm. Mythologie, Lief. 1—4. — Buchholz, die hom. Realien, III, 1. — Christ, Homeri Iliadis carmina II. — Homers Ilias ed. Ameis. — Heutze II, 4 und Anhang II, 3. — Servii grammatici commentarii rec. Thilo-Hagen II, 2. — Ebeling, Lexikon Homericum, Fortsetzg. Hft. 17 u. 18. — Bergk, Kleine philolog. Schriften I. — E. Seelmann, Die Aussprache des Latein. — D. Müller-Heitz, Griech. Literaturgeschichte. — Schuchardt, Slawo-Deutsches und Slawo-Italienisches. — O. Schrader, Sprachvergleichung und Urgeschichte. — W. Scherer, Jacob Grimm. — Catullus ed. Riese. — Rosenberg, Lyrik des Horaz. — C. Suetoni Tranquilli quae supersunt omnia ed. C. L. Roth. — Q. Enni carm. reliqu. ed. L. Müller. — Terentii comoediae ed. Spengel. — Catulli, Tibulli, Propertii carm. ed. L. Müller. — O. Ribbeck, Alazon. — Hempel, Lat. Sentenz- u. Sprichwörter-Schatz. — Horatius erklärt v. A. Kiessling, I. — Menge, Material z. Repetit. d. lat. Gram. — Janisch, Topogr. stat. Lexicon v. Steiermark, Forts. u. Schluss. — Gfrörer, Geschichte d. VIII. Jh., herausg. v. I. B. Weisz u. Wiedemann, IV, 2. — Ulbrich, Das Staatsrecht der österr. ungar. Monarchie. — Ranke, Weltgeschichte, V. — Mommsen, Röm. Gesch., V. Bd. — A. Huber, Geschichte Österreichs, I. Bd. — W. Hartpolo Lecky, Sittengesch. Europas von Augustus bis Karl d. Gr., übersetzt von Jalowicz. — Saalfeld, Deutsch-latein. Handbüchlein der Eigennamen aus der Geographie. — Wüllner, Lehrb. der Experimentalphysik, IV. Bd. — G. Wiedemann, Die Lehre von der Electricität, IV. Bd. — Rabenhorst, Kryptogamen-Flora, I. Bd., II. Abth., Liefg. 15—17; II. Bd., Liefg. 8—9; III. Bd., Liefg. 3—4. — Bronn, Classen und Ordnungen des Thierreiches, I. Bd., 28. Liefg.; II. Bd., 7. Liefg.; V. Bd., 2. Abth.; VI. Bd., 1. Abth., 4. Liefg. — Fol, Lehrbuch der vergl. mikroskop. Anatomie, I. Bd. — Carus, Prodromus faunae mediterraneae, I. — E. Strasburger, Das botanische Practicum. — K. Heumann, Anleitung zum Experimentiren bei Vorlesungen über anorganische Chemie. — v. Veyder-Malberg, Über die Einheit aller Kraft. — W. Volkmann, Lehrbuch der Psychologie. — Marenzeller, Normalien, I, 2. — A. Meinong, Über philosophische Wissenschaft und ihre Propädentik.

β) Geschenke:

Vom hohen k. k. Ministerium für Cultus und Unterricht: Österr. bot. Zeitschrift 1884. — W. Matzka, Versuch einer richtigen Lehre von der Realität der vorgebl. imaginären Größen der Algebra, Prag, 1858. — W. Matzka, Ein neuer Beweis des Kräftenparallelogramms. — Dr. Pick, Beiträge zur Statistik der öffentl. Mittelschulen der im österr. Reichsrathe vertretenen Königreiche und Länder am Schlusse des Schuljahres 1883 84.

Vom k. k. steierm. Landesschulrathe: Zahn, Steiermärkische Geschichtsblätter, V. Jg. — Normative der k. k. Central-Commission zur Erhaltung und Erforschung der Kunst- und historischen Denkmale. Wien, 1883.

Von der Verlagsbuchhandlung Karl Gräser in Wien: Commentierte Schulausgaben griechischer und lateinischer Klassiker (Bibliotheka Gothana) und zwar Nr. 2, 3, 5, 6, 7, 8, 11, 12, 13, 14, 17, 20, 22.

Von der Verlagsbuchhandlung C. H. Beck in Nördlingen: K. L. Roth, Römische Geschichte und Griechische Geschichte.

Von der Universitätsbuchhandlung Leuschner & Lubensky in Graz: Hatle, Die Minerale des Herzogthums Steiermark.

Von den Herren Verfassern: Wichner, Eine Admonter Todtenrotel des 15. Jahrh. — Vinc. Knauer, Grundlinien zur Aristotelisch-Thomistischen Psychologie. — C. Tóth, Vertheidigung der Ungarn gegen Prof. Dr. J. Sepp's Angriffe.

Von der Verlagsbuchhandlung Kleinmeyer in Laibach: A. Heinrich, Deutsche Schulgrammatik.

b) Schülerbibliothek.

Custos: Professor Alfred Heinrich.

α) Ankauf.

Halm, Fechter von Ravenna, Sohn der Wildnis, Griseldis. — Scheffel, Bergpsalmen, Juniperus. — Kutzner, Ein Weltenfahrer. — Alte und neue Welt, 1885. — Der neue deutsche Jugendfreund, 1884. — Eine Orientreise, Liefg. 1—11 in 2 Expl. — Kooper, Lederstrumpf-Erzählungen v. Fz. Hoffmann. — Tegnér, Frithjofs-Sage übertragen von Pauline Schanz. — Hauff, Lichtenstein, in 2 Expl. — Baumbach, Mein Frühjahr. — König, Deutsche Litteraturgeschichte, in 3 Expl. — G. Frd. Hertzberg, Athen. — Bulwer, Die letzten Tage von Pompeji. — Bade, Der Skalpjäger. — Marryat, Sigismund Rüstig. — Stieler, Lebensbilder deutscher Männer und Frauen. — Umlauft, Die Länder Österreich-Ungarns in Wort und Bild, Bd. V—XI u. XIII. — Humboldt, Ästhetische Versuche über Goethes „Hermann u. Dorothea", herausgeg. v. H. Hettner. — J. Janssen, Geschichte des deutschen Volkes seit dem Ausgang des Mittelalters, IV. Bd.

β) Geschenke:

Vom hohen k. k. Ministerium für Cultus und Unterricht: Teuffenbach, Vaterländisches Ehrenbuch.

Von der Verlagsbuchhandlung Hahn in Hannover: Koch-Georges, Wörterbuch zu Corn. Nepos — Strack, Wörterbuch zu Xenophons „Anabasis".

Vom Herrn Herausgeber: L. Lampel, Deutsches Lesebuch f. d. I. u. f. d. II. Classe d. österr. Mittelschulen.

Von der Verlagsbuchhandlung Berman und Altmann in Wien: Hauler, Lat. Übungsbuch f. d. I. Classe und f. d. II. Classe, je 2 Expl. — O. Gehlen u. K. Schmidt, Ovidii carmina selecta, 3. Aufl.

Von der Verlagsbuchhandlung F. Tempsky in Prag: Sedlmayer, Ovidi carmina selecta. 9 Expl. — Prammer, Cäsaris commentarii d. bello Gall. 4 Expl. — Schubert, Sophoclis Antigone, 4 Expl.; Aiax, 4 Expl.; Ödip. Col.., 1 Expl. — A. Weidner, Corneli Nepotis vitae. 2 Expl. — Scheindler, Sallusti bell. Iugurth. 2 Expl. — Müller, Taciti ab excessu. 2 Expl. — Pokorny, Illustr. Gesch. d. Thierreiches und des Pflanzenreiches, je 3 Expl.

Von der Verlagsbuchhandlung A. Hölder in Wien: Hauler: Aufgaben zur Einübung d. lat. Syntax, I. Th., 3 Expl.; II. Th., 3 Expl. — Handl, Lehrbuch der Physik f. d. oberen Classen der Mittelschulen (Ausgabe für Gymnasien), 4 Expl. — Knirr und Schenk, Lehrbuch der Arithmetik für Untergymnasien, f. d. I. Cl. u. f. d. II. Classe.

Von der Verlagsbuchhandlung C. Gerold's Sohn in Wien: Močnik, Lehrbuch der Arithmetik f. Untergymnasien, I. Abth., 4 Expl. — Močnik, Geometr. Anschauungslehre f. Untergymnasien, I. Abth. u. II. Abth., je 4 Expl. — Močnik, Lehrbuch der Arithmetik f. Untergymnasien, II. Abth., 4 Expl. — Močnik, Lehrbuch der Arithmetik und Algebra, 20. Aufl., 2 Expl. — Močnik, Lehrbuch d. Geometrie f. d ob. Classen, 2 Expl.

Von der Verlagsbuchhandlung Ferd. Hirt in Breslau: E. v. Seydlitz'sche Geographie A, spec. Ausg. f. Österreich-Ungarn v. Perkmann, 7 Expl. — E. v. Seydlitz'sche Schulgeographie, B. kleine Schulgeographie, spec. Ausg. f. Österreich-Ungarn, 6 Expl.

Von der Verlagsbuchhandlung Ed. Hölzel in Wien: Kozenn, Schul-Atlas, große Ausgabe, 3 Expl.

Von der Manz'schen Hof- und Verlagsbuchhandlung (Jul. Klinkhard&Co.) in Wien: Kummer und Stejskal, Deutsches Lesebuch f. d. österr. Gymnasien, I. Bd., 9 Expl., III. Bd., 2 Expl.; V. Bd., 9 Expl.

Von der Verlagsbuchhandlung Weidmann in Berlin: Ellendt-Seyffert, Latein. Grammatik, 4 Expl.

Von der Verlagsbuchhandlung Friese & Lange in Wien: Hoiss, Aufgabensammlung, 5 Expl.

Von der Verlagsbuchhandlung A. Pichlers Witwe & Sohn in Wien: F. W. Putzger, Historischer Schulatlas, 14 Expl.

2. Geographische Sammlung.
Custos: Supplent Anton Kaspret.
Ankauf.
Wandkarte von Australien und Polynesien von Haardt. — Hölzels Geographische Charakterbilder.

3. Physikalisches Cabinet.
Custos: Prof. Adam Wapienik.
Ankauf.
1. Spektralapparat nach Bunsen. 2. Ein Träger zu Versuchen über Spektralanalyse. 3. Spektralsalze. 4. Camera obscura. 5. Sinusbussole. 6. Wasserzersetzungsapparat nach Hofmann. 7. Modell einer Wasserluftpumpe.

4. Naturhistorisches Cabinet.
Custos: Professor Dr. Anton Ausserer.

α) Ankauf.
a) Ausgestopfte Thiere: Wiesel, Hausmaus, Mauerschwalbe, Schildbahn, Wachtel, Waldschnepfe, Rohrhuhn, Chamäleon, Frosch, Kröte, Feuersalamander. — b) Skelette: Vesperugo noctula. — c) Flügelpräparat von Ardea. — d) Mineralien: Kupfer von Bogoslowsk, Silber von Kongsberg und Wittichen, Kupferglanz von Redruth u. Bristol N. A., Galenit von Pribram, Tetraedrit aus England, Zircon von Colorado, Rutilnadeln in Quarz vom Gotthard, Aragonit von Molina u. Bilin, Apatit von Ontario N. A., Staurolith vom Gotthard, Turmalin von Haddam, Snarum und von Elba, Edler Granat aus Tirol, Pennin von Zermatt, Hornblende von Lukow, Asbest von Pregratten, Sanidin von Bonn, Orthoklas aus Colorado, Amazonit, Colorado. — e) Instrumente: Trockenkasten; Schnittstrecker zum Mikrotom.

β) Geschenke:
Auch in diesem Jahre verdankt das Naturalien-Cabinet dem Herrn Dr. C. Zelinka mehrere sehr instructive anatomische und Spirituspräparate, u. zwar: Rana esculenta (Injection), Luftsäcke einer Taube injiciert, Tropidonotus natrix (Situs viscerum und Injection), Squalius cephalus (Kiemeninjection), Kiemen von Orthagoriscus mola, Buccalmaße von Helix, Schliff durch die Schale von Margaritana margaritifera. Außerdem theils getrocknet, theils in Spiritus: Euspongia adriatica, Alcyonium palmatum mit ausgebreiteten Tentakeln, Chrysaora mediterranea, Thyone fusus, Synapta digitata, Nereis cultrifera, Aphrodite aculeata, Symbiose von Eupagurus mit Actinia, Maja squinado maskiert, Chalicodoma muraria mit Nest, Chrysomela decemlineata mit Larve. Lima inflata, Aplysia, Doriopsis.

Herr Hofsecretär v. Fodor überließ der Sammlung eine Krystallgruppe von Magnetkies von Schneeberg in Tirol und Herr Statthaltereirath Zeidler Eisenglimmer, Psilomelan und Bleiglanz aus Bosnien, sowie ein Lepidodendron.

Der Probecandidat Herr Satter fertigte einige grosse Krystallmodelle aus Pappe sowie mikroskopische Präparate zur Anatomie der Pflanzen an.

Von den Schülern der Anstalt übergab: Zindler Conr., VIII. b: Eisenerze, Aragonit, Calcit, sowie Proben von Roheisen; Kranz, V. a: Pyrit, Kochsalz; v. Fröhlich, V. a: Gold; Trost, III. a: Magneteisenerz, lose Krystalle.

5. Lehrmittel für Freihandzeichnen.
Custos: Prof. Ludwig Ritter v. Kurz zu Thurn und Goldenstein.

Ankauf.
Modelle, Vorlagen und Hilfswerke,

6 ornamentale und 1 figurales Gypsmodell vom k. k. österr. Museum für Kunst und Industrie in Wien. — V. Teirich: Ornamente aus der Blütezeit italienischer Renaissance (Intarsien). 25 Tafeln mit erklärendem Texte. — Muster-Ornamente aus allen Stilen in historischer Anordnung. Nach Originalaufnahmen hervorragender Meister. Mappe mit 303 Blatt. — Ornamente antiker Thongefässe zum Studium und zur Nachbildung für die Kunstindustrie sowie für Schulen. 15 Blatt. — E. Herdtle: Stilisirte Blumen aus allen Kunstepochen. 114 Vorbilder für das Freihand- und Musterzeichnen. Mappe mit 21 Tafeln und Text. — H. Herdtle: Ostasiatische Bronce-Gefässe und Geräthe in Umrissen. Ein Beitrag zur Gefäßlehre. Zum Studium und zur Nachbildung für die Kunstindustrie sowie für Schulen. Mappe mit 28 Tafeln.

F. Statistik des Gymnasiums.

1. Lehrpersonale am Schlusse des II. Semesters.	geistlich	weltlich	Zusammen
Directoren	1	1	2
Professoren	2	13	15
Religionslehrer*	1	—	1
Wirkliche Gymnasiallehrer	—	2	2
Supplenten	2	4	6
Volontäre	—	1	1
Nebenlehrer	—	6	6
Probecandidaten	—	2	2
Summe	6	29	35

2. Zahl der Schüler.	I. a	I. b	II. a	II. b	III. a	III. b	IV. a	IV. b**	V. a	V. b	V. c	VI. a	VI. b	VII. a	VII. b	VIII. a	VIII. b	Zusammen
Zu Ende 1883/84	50	46	50	43	41	59	33	33 (38)	40	44	—	33	26	35	31	31	23	656
Zu Anfang 1884/85	58	60	44	44	43	45	41	50	40	41	32	35	44	32	29	33	26	697
Währ. d. Schuljahr. eingetr.	4	—	—	—	3	—	3	—	—	—	1	—	—	—	—	—	—	11
Im Ganzen also aufgen.	62	60	44	44	46	45	44	50	40	41	33	35	44	32	29	33	26	708
Darunter neu aufgen. u. zw.: aufgestiegen	51	54	5	4	2	5	10	—	—	1	30	—	1	1	2	—	2	168
Repetenten	2	3	—	—	1	2	1	—	—	—	1	—	—	—	—	—	1	11
Wieder aufgen. und zwar: aufgestiegen	—	—	35	37	41	34	31	48	37	40	2	35	43	28	26	33	23	493
Repetenten	9	3	4	3	2	4	2	2	3	—	—	—	—	3	1	—	—	36
Währ. d. Schuljahr. ausgetr.	11	15	6	3	4	4	6	1	5	2	—	4	—	3	2	2	—	68
Schülerz. zu Ende 1884/85	51	45	38	41	42	41	38	49	35	39	33	31	44	29	27	31	26	640
Darunter öffentl. Schüler	45	44	38	40	41	40	37	46	34	39	33	31	44	28	27	31	26	624
Privatisten	6	1	—	1	1	1	1	3	1	—	—	—	—	1	—	—	—	16
3. Geburtsort (Vaterland).†																		
Graz	13[2]	11[1]	16	10[1]	16	16[1]	9	16[2]	15[1]	16	5	10	9	9	7	8	4	190[9]
Steiermark außer Graz	15	13	11	14	14	9	13	15	6	11	27	11	25	12	9	9	15	229
Österreich unter der Enns	5	3	2	2	4[1]	3	5[1]	6	2	3	1	5	2	2	1	2	3	52[2]
„ ob der Enns	0[1]	—	—	—	—	—	—	—	—	—	—	—	1	2	—	—	—	3[1]
Salzburg	—	2	—	—	—	—	—	—	—	—	—	—	—	—	—	1	—	3
Kärnten	1	3	—	2	1	2	—	4	1	—	—	1	1	2	—	2	2	21
Krain	—	1	—	2	1	1	1	—	—	—	—	—	—	—	1[1]	—	1	9
Tirol	1[1]	—	—	—	—	1	—	1	—	—	1	—	—	1	—	—	—	5[1]
Küstenland	2	—	2	2	1	1	—	1	—	—	—	—	—	—	—	1	—	10
Böhmen	1[1]	2	1	3	—	2	—	1	2	2	1	—	—	2	—	3	3	23[1]
Mähren	2	1	1	—	—	1	—	—	—	—	1	—	1	—	—	1	—	8
Schlesien	—	3	1	—	—	1	1	—	2	—	—	—	1	—	—	1	—	10
Galizien	—	1	—	—	—	1	1	—	—	—	—	—	1	1	1	1	—	7
Ungarn	5[1]	2	3	4	1	2	1	5	3	3	—	1	2	0[1]	2	4	1	39[2]
Deutsches Reich	—	—	—	1	—	—	2	2	1	—	—	—	—	—	—	1	—	7
Italien	—	1	—	—	—	—	—	—	—	—	—	1	1	—	—	1	—	5
Rumänien	—	—	—	—	—	—	—	—	—	—	—	—	—	—	1	—	—	1
Egypten	—	1	—	—	—	—	—	—	—	—	—	—	—	—	—	—	—	1
Amerika	—	—	—	—	1	—	—	—	—	—	—	—	—	—	—	—	—	1
Summe	45[6]	44[1]	38	40[1]	41[1]	40[1]	37[1]	46[3]	34[1]	39	33	31	44	28[1]	27	31	26	624[16]

* mit dem Titel „k. k. Professor".
** Die in dieser Columne in Klammern stehende Zahl bezieht sich auf die IV.c Classe des Jahres 1883/84.
† Die rechts oben stehenden Zahlen beziehen sich auf die Privatisten.

4. Muttersprache.	I. a	I. b	II. a	II. b	III. a	III. b	IV. a	IV. b	V. a	V. b	V. c	VI. a	VI. b	VII. a	VII. b	VIII. a	VIII. b	Zusammen
Deutsch	40[6]	41[1]	34	33[1]	41[1]	36[1]	35[1]	40[3]	33[1]	37	33	29	44	28	26[1]	31	26	587[15]
Slovenisch	2	1	—	2	—	—	2	3	—	—	—	1	—	—	1	—	—	12
Czecho-slavisch	1	1	2	2	—	1	—	—	—	—	—	—	—	—	—	—	—	7
Serbo-croatisch	—	1	1	2	—	1	—	—	1	—	—	1	—	0[1]	—	—	—	7[1]
Polnisch	—	—	—	—	—	—	—	—	—	1	—	—	—	—	—	—	—	1
Magyarisch	1	—	—	—	—	1	—	3	—	—	—	—	—	—	—	—	—	5
Italienisch	1	—	1	1	—	1	—	—	—	—	1	—	—	—	—	—	—	5
Summe	45[6]	44[1]	38	40[1]	41[1]	40[1]	37[1]	46[3]	34[1]	39	33	31	44	28[1]	27	31	26	624[16]

5. Religionsbekenntnis.

	I. a	I. b	II. a	II. b	III. a	III. b	IV. a	IV. b	V. a	V. b	V. c	VI. a	VI. b	VII. a	VII. b	VIII. a	VIII. b	Zusammen
Katholisch des lat. Ritus	43[6]	38[1]	38	40	37[1]	36[1]	34[1]	45[3]	30[1]	35	33	27	43	26[1]	25	27	26	583[16]
„ „ griech. „	—	—	—	—	—	—	—	—	—	—	—	—	—	—	—	—	—	—
Griechisch-orientalisch	—	1	—	—	—	—	—	—	—	—	—	—	—	—	—	—	—	1
Evangelisch A. C.	1	3	—	0[1]	4	2	3	1	2	3	—	1	1	2	1	3	—	27[1]
„ H. C.	—	1	—	—	—	1	—	—	1	—	—	—	2	—	—	—	—	5
Israelitisch	1	1	—	—	—	1	—	—	1	1	—	1	—	—	1	1	—	8
Summe	45[6]	44[1]	38	40[1]	41[1]	40[1]	37[1]	46[3]	34[1]	39	33	31	44	28[1]	27	31	26	624[16]

6. Lebensalter.

	I. a	I. b	II. a	II. b	III. a	III. b	IV. a	IV. b	V. a	V. b	V. c	VI. a	VI. b	VII. a	VII. b	VIII. a	VIII. b	Zusammen
10 Jahre	2[3]	5	—	—	—	—	—	—	—	—	—	—	—	—	—	—	—	7[3]
11 „	17[1]	15	4	—	—	—	—	—	—	—	—	—	—	—	—	—	—	36[1]
12 „	14[1]	12[1]	11	13	7	4	—	—	—	—	—	—	—	—	—	—	—	61[2]
13 „	8[1]	9	14	9[1]	13	10[1]	5	8[1]	—	—	—	—	—	—	—	—	—	76[4]
14 „	2	3	6	9	9[1]	13	17	13[2]	3[1]	6	1	—	—	—	—	—	—	82[4]
15 „	2	—	2	6	8	7	5[1]	15	13	14	4	7	6	—	—	—	—	89[1]
16 „	—	—	1	1	2	3	7	6	7	12	10	10	7	5	4	—	—	75
17 „	—	—	—	2	2	2	2	3	8	1	11	6	16	8	10	11	3	85
18 „	—	—	—	—	—	—	1	1	1	2	4	3	7	10	2[1]	6	9	6	52[1]
19 „	—	—	—	—	—	—	—	—	1	2	3	1	3	9	5	6	9	39
20 „	—	—	—	—	—	—	—	—	—	—	1[1]	—	1	3	—	3	5	13
21 „	—	—	—	—	—	—	—	—	—	—	—	—	—	1	1	2	2[1]	7
22 „	—	—	—	—	—	—	—	—	—	—	—	—	—	—	—	—	1	1
23 „	—	—	—	—	—	—	—	—	—	—	—	—	—	—	—	1[1]	—	1
Summe	45[6]	44[1]	38	40[1]	41[1]	40[1]	37[1]	46[3]	34[1]	39	33	31	44	28[1]	27	31	26	624[16]

7. Nach dem Wohnorte der Eltern.

	I. a	I. b	II. a	II. b	III. a	III. b	IV. a	IV. b	V. a	V. b	V. c	VI. a	VI. b	VII. a	VII. b	VIII. a	VIII. b	Zusammen
Ortsangehörige	27[6]	25[1]	28	27	31	25[1]	26	34[2]	32[1]	31	5	21	19	15	16	29	9	400[10]
Auswärtige	18[1]	19	10	13[1]	10[1]	15	11[1]	12	2	8	28	10	25	13[1]	11	2	17	224[6]
Summe	45[6]	44[1]	38	40[1]	41[1]	40[1]	37[1]	46[3]	34[1]	39	33	31	44	28[1]	27	31	26	624[16]

8. Classification.

a) Zu Ende d. Schuljahres 1884/85.

	I. a	I. b	II. a	II. b	III. a	III. b	IV. a	IV. b	V. a	V. b	V. c	VI. a	VI. b	VII. a	VII. b	VIII. a	VIII. b	Zusammen
I. Fortgangsclasse m. Vorz.	3[1]	4	1	7	6	6[1]	4	4[1]	—	6[1]	8	4	9	3	5	1	3	74[3]
I. „	25[2]	27	27	21	26	26	21[1]	26[2]	24[1]	23	22	20	31	24[1]	19	28	23	413[7]
Zu einer Wiederholungsprüfung zugelassen	9[2]	6	3	8	5	5	7	9	4	4	2	1	4	1	3	2	—	73[2]
II. Fortgangsclasse	5[1]	6	6	3	3	2	5	6	4	4	1[1]	6	—	—	—	—	—	51[1]
III. „	3	1	1	—	1[1]	1	—	1	2	1	—	—	—	—	—	—	—	11[1]
Zu einer Nachtragsprüfung krankheitshalber zugelass.	—	0[1]	—	1[1]	—	—	—	—	—	—	—	1	—	—	—	—	—	2[2]
Summe	45[6]	44[1]	38	40[1]	41[1]	40[1]	37[1]	46[3]	34[1]	39	33	31	44	28[1]	27	31	26	624[16]

3*

b) Nachtrag zum Schuljahre 1883/84.

	I.		II.		III.		IV.			V.		VI.		VII.		VIII.		Zusammen
	a	b	a	b	a	b	a	b	c	a	b	a	b	a	b	a	b	
Wiederholungsprüfungen waren bewilligt	3	5	4¹	3	5	10²	—	2	5	6	2	1	—	1	3	—	—	50¹
Entsprochen haben	3	5	4	1	5	10²	—	2	5	5	2	1	—	1	1	—	—	45²
Nicht entsprochen haben (oder nicht erschienen sind)	—	—	0¹	2	—	—	—	—	—	1	—	—	—	—	2	—	—	5¹
Nachtragsprüfungen waren bewilligt	1	—	—	—	0¹	2	—	—	—	2	—	—	—	—	—	—	—	5¹
Entsprochen haben	—	—	—	—	—	1	—	—	—	—	—	—	—	—	—	—	—	1
Nicht entsprochen haben	—	—	—	—	0¹	1	—	—	—	—	—	—	—	—	—	—	—	1¹
Nicht erschienen sind	1	—	—	—	—	—	—	—	—	2	—	—	—	—	—	—	—	3
Darnach ist das Ergebnis für 1883/84:																		
I. Fortgangsclasse m. Vorz.	1	4	4	5¹	4	6²	2	9	4	4	6	4	1	3	4	6	2	69²
I.	35¹	36	37¹	30	30	39⁵	27¹	23	29³	31	38	28¹	24	30	23	24	21	505¹⁰
II.	7¹	3	5²	4	3¹	3	3	—	2	3	—	—	0¹	2	4	1	—	40⁵
III.	1	3	1	3	3	4	—	1	—	—	—	—	—	—	—	—	—	16
Ungeprüft blieben	1	—	—	—	—	—	—	—	—	2	—	—	—	—	—	—	—	3
Summe	45⁶	46	47²	42¹	40¹	52²	32¹	33	35³	40	44	32¹	25¹	35	31	31	23	633²³

9. Geldleistungen der Schüler.

	I.		II.		III.		IV.			V.		VI.		VII.		VIII.		Zusammen
	a	b	a	b	a	b	a	b	c	a	b	a	b	a	b	a	b	
Das ganze Schulgeld z. zahlen waren verpflichtet:																		
Im I. Semester	56²	54²	37	35	28	31¹	34	41⁴	31	26	29	25	21	17	17¹	23	12	517¹²
„ II. „	38⁶	34¹	32	33¹	35¹	32¹	35¹	43²	28¹	28	11	25	23	20¹	18	25	11	472¹⁶
Zur Hälfte waren befreit:																		
Im I. Semester	—	—	2	2	2	2	—	—	—	1	1	1	—	4	3	—	3	1 22
„ II. „	—	1	2	1	—	—	—	—	—	1	1	—	—	4	3	—	2	1 16
Ganz befreit waren:																		
Im I. Semester	—	—	5	7	13	10	7	5	7	14	2	9	19	9	10	7	13	137
„ II. „	10	15	6	7	9	8	8	3	7	10	22	8	17	5	9	4	14	162

Das Schulgeld betrug im ganzen:

Im I. Semester fl. 5832
„ II. „ fl. 5344
Zusammen . fl. 11176

Die Aufnahmstaxen betrugen . . fl. 388·50

Die Lehrmittelbeiträge betr.: fl. 702·00

Taxen für Zeugnisduplikate . fl. 10·00

Summe . fl. 1100·50

10. Besuch d. Unterr. in den relativ obligaten u. nicht obligaten Gegenständen.	I.		II.		III.		IV.		V.		VI.			VII.		VIII.		Zusammen
	a	b	a	b	a	b	a	b	a	b	a	b	c	a	b	a	b	
Zweite Landesspr. (slov.)																		
I. Curs	1	2	3	2	1	—	2	2	2	1	2	—	2	—	1	—	1	22
II. „	—	—	—	—	1	—	2	4	—	3	—	—	—	—	—	—	—	10
III. „	—	—	—	—	—	—	1	—	—	—	1	1	1	3	3	—		10
Kalligraphie-	11	21	8	10	—	—	—	—	—	—	—	—	—	—	—	—	—	50
Freihandzeichnen	—	—	—	—	9	11	6	5	4	2	—	2	—	2	—	—	—	41
Turnen:																		
I. Abtheilung	13	7	—	—	4	13	—	—	—	—	—	—	—	—	—	—	—	37
II. „	—	—	8	6	10	—	17	14	5	9	1	7	8	2	7	5	1	100
Gesang:																		
I. Abtheilung	10	5	2	—	—	1	—	—	—	—	—	—	—	—	—	—	—	18
II. „	—	—	4	9	7	—	2	—	—	5	4	—	2	5	—	3	—	41
Stenographie:																		
I. Curs	—	—	—	—	—	—	16	17	11	19	2	1	1	—	—	—	—	67
II. „	—	—	—	—	—	—	—	—	9	4	—	8	11	1	4	—	—	37
Französische Sprache:																		
I. Curs	—	—	—	—	—	—	3	1	1	4	—	—	2	1	—	—	—	12
II. „	—	—	—	—	—	—	—	—	1	—	—	1	1	2	3	—	—	8

11. Stipendien.

Anzahl d. Stipendisten: 57.

Gesammtbetrag der Stipendien: 10164 fl. 74 kr. ö.W.

G. Maturitätsprüfungen.

a) Im Herbsttermine 1884.

Zu dieser Prüfung, welche am 16. September unter dem Vorsitze des k. k. Landes-Schulinspectors Herrn Dr. Johann Zindler abgehalten wurde, erschienen die 6 öffentlichen Schüler, denen bei der im Sommertermine abgehaltenen Maturitätsprüfung eine Wiederholung derselben aus einem Gegenstande gestattet worden war. Von diesen wurden zwei auf ein halbes Jahr reprobiert, die nachstehenden vier erhielten ein Zeugnis der Reife.

Nr.	Name	Geburtsort	Altersjahr	Beruf
1	Fröhlich Edl. v. Feldau Alfred	Graz in Steiermark	19	Jus
2	Kröll Josef	St. Johann i. Saggauthale in Steierm.	23	Theologie
3	Schiffner Carl	Odenburg in Ungarn	21	Germanistik
4	Singer Ferdinand	Eberstein in Kärnten	21	Jus

b) Im Ostertermine 1885.

Zu dieser Prüfung, welche am 11. März unter dem Vorsitze des k. k. Landes-Schulinspectors Herrn Dr. Johann Zindler stattfand, erschien ein externer Schüler, welcher ein Zeugnis der Reife erhielt: Macht Moriz, geboren zu Graz in Steiermark, 23 Jahre alt; Beruf: Theologie.

c) Im Sommertermine 1885.

Zu dieser Prüfung hatten sich 55 öffentliche und 2 externe Schüler gemeldet. Von den öffentlichen Schülern haben 2 beim Semesterabschlusse die Erlaubnis zu einer Wiederholungsprüfung aus einem Gegenstande nach den Ferien erhalten und können daher in Gemäßheit der h. Min.-Verordn. vom 28. April 1885, Z. 7553 erst im Herbsttermine 1885 zur Maturitätsprüfung zugelassen werden; ein öffentlicher Schüler ist vor, ein Externist während der mündlichen Prüfung zurückgetreten. Von den übrigen erhielten 6 öffentliche Schüler ein Zeugnis der Reife mit Auszeichnung, 35 öffentliche Schüler und 1 Externist ein Zeugnis der Reife; 9 öffentlichen Schülern wurde eine Wiederholungsprüfung nach den Ferien gestattet; 2 öffentliche Schüler wurden auf ein halbes Jahr reprobiert. Die mündliche Prüfung wurde vom 30. Juni bis 7. Juli unter dem Vorsitze des k. k. Schulrathes und Directors des II. Staatsgymnasiums Herrn Heinrich N o e abgehalten. Die Approbierten waren:

Nr.	Name	Geburtsort	Alter	Dauer der Gymnasialstudien u. Jahren	Beruf
1	Bažant Adolf	Flachau in Salzburg	21	9	Unbestimmt
2	Crou Otto, Edler von	Theresienstadt in Böhmen	18	9	Militär
3	Dobrucki v. Dobruty Ladislaus, Ritter v.	Wien in Niederösterreich	19	9	Medicin
4	Draxler Leo	Graz in Steiermark	19	9	Jurisprudenz
5	Einsiedler Josef	Weidlingau in Niederösterreich	18	8	Jurisprudenz
6	Fasching Moriz	Vorderuberg in Steiermark	17	8	Medicin
7	*Freisinger Franz	Attendorf in Steiermark	21	8	Theologie
8	Glaser Franz	Graz in Steiermark	17	8	Medicin
9	Gmeiner Josef	Leoben in Steiermark	17	8	Medicin
10	Götz Adolf	Köflach in Steiermark	19	8	Medicin
11	Haas Heinrich	Graz in Steiermark	21	8	Theologie
12	Hauser Paul	Thal in Kärnten	17	8	Pharmacie
13	Heinzel Carl	Raab in Ungarn	17	8	Medicin
14	Holzschuch Rudolf	Fünfkirchen in Ungarn	18	8	Medicin
15	*Högler Josef	Gams in Steiermark	19	8	Theologie
16	Jordis Lohausen Camillo, Freiherr von	Verona in Italien	19	9	Jurisprudenz
17	Kandutsch Johann	Marburg in Steiermark	17	8	Jurisprudenz
18	Klöpfer Johann	Eibiswald in Steiermark	17	8	Medicin
19	Kosmatsch Hermann	Reichenau in Niederösterreich	19	8	Medicin
20	Kottić Wilhelm, R. von	Budapest in Ungarn	19	8	Jurisprudenz
21	Krones Ritter v. Marchland Friedrich	Graz in Steiermark	18	8	Jurisprudenz
22	*Kröpfl Carl	Feldbach in Steiermark	19	8	Theologie
23	Kukula Theodor	Luttenberg in Steiermark	18	8	Medicin
24	Künigl Carl, Graf von	Prag in Böhmen	17	8	Jurisprudenz
25	Lepuschütz Johann	Murau in Steiermark	18	8	Medicin
26	Lesiak Emil	Graz in Steiermark	17	8	Philosophie: Geschichte
27	Lippitsch Cajetan	Graz in Steiermark	19	8	Naturwissenschaften
28	Löffelmann Rudolf	Kostainica in Croatien	20	11	Jurisprudenz
29	Mayer Josef, Edl. v.	Graz in Steiermark	18	8	Jurisprudenz
30	*Micholitsch Anton	Staritsch in Steiermark	20	8	Theologie
31	Milurko Max	Leoben in Steiermark	17	8	Jurisprudenz
32	Pipitz Max	Triest im Küstenlande	18	8	Jurisprudenz
33	Prenner Friedrich	Feldbach in Steiermark	20	8	Unbestimmt
34	Raffelsberger Oskar	Provali in Kärnten	18	8	Medicin

Nr.	Name	Geburtsort	Alter	Dauer der Gymnasial- studien n. Jahren	Beruf
35	*Ranftl Johann	Gradenfeld in Steiermark . .	19	8	Theologie
36	Redl Theodor	Graz in Steiermark	17	9	Jurisprudenz
37	Schönberger Ernst, Frh. v.	Wien in Niederösterreich . .	19	9	Jurisprudenz
38	Schouppé Josef, Edler von	Eisenerz in Steiermark . . .	20	8	Theologie
39	*Trummer Anton	Marchtring in Steiermark . .	19	8	Theologie
40	Zindler Conrad	Laibach in Krain	18	8	Philosophie: Mathematik u. Physik
41	Zinner Jósef	Graz in Steiermark	20	9	Jurisprudenz
42	**Grogger Josef	Admont in Steiermark . . .	21	—	Medicin

Die mit fetten Lettern Gedruckten erhielten ein Zeugnis der Reife mit Auszeichnung.
Die mit einem * Bezeichneten waren Zöglinge des hiesigen fürstbischöflichen Knabenseminars
** Externist.

Themata für die schriftlichen Maturitätsprüfungen.

Am Schlusse des Schuljahres 1885.

1. Aus dem Deutschen: Mit welchem Rechte kann man den Ausspruch des römischen Dichters Horaz: „Nil mortalibus ardui est" auf unser Jahrhundert anwenden?
2. Aus dem Deutschen ins Lateinische: „Das Bild der Diana in Segesta" nach Cic. Verr. IV. cap. XXXIII und XXXIV gekürzt.
3. Aus dem Lateinischen ins Deutsche: Vergili Aen. libr. XII. v. 887—918.
4. Aus dem Griechischen ins Deutsche: Xenoph. Mem. IV. c. 8, 1—5 (Dindorf).
5. Aus der Mathematik:
    a) Zwei Körper A und B bewegen sich von zwei Punkten, deren Entfernung d ist, in entgegengesetzter Richtung gleichzeitig aufeinander zu. Wann und wo treffen sie sich, wenn die Bewegung des Körpers A gleichförmig beschleunigt, jene des Körpers B gleichförmig verzögert ist? $d = 1200\,m$, A habe die Anfangsgeschwindigkeit $c = 20\,m$ und die Beschleunigung $g = 10\,m$ in jeder Secunde und B die Anfangsgeschwindigkeit $c^1 = 90\,m$ und in jeder Secunde die Verzögerung $g' = 8\,m$.
    b) Ein Punkt M ist in einer Ebene bezüglich eines rechtwinkligen Coordinatensystems durch $x_1 = 8\,cm$, $y_1 = 3\,cm$ gegeben. Man soll die Gleichung der geraden Linie finden, welche durch den Punkt M geht und mit den Axen ein Dreieck von $50\,cm^2$ Inhalt begrenzt.
    c) Der Flächeninhalt f sowie zwei Winkel des Dreieckes α und β seien gegeben; es sollen die drei Seiten berechnet werden.
    $f = 9351·75\,m^2$; $\alpha = 100°43'14''$; $\beta = 55°8'10''$
6. Aus der slovenischen Sprache: Kakšen pomen ima tiskarstvo za omiko?

II. Preisprüfungen.

1. Aus der griechischen Sprache, abgehalten am 2. Mai durch Professor Alfred Heinrich unter derm Vorsitze des unterzeichneten Directors in Vertretung des k. k. Landes-Schulinspectors Herrn Dr. Johann Zindler und im Beisein mehrerer Mitglieder des Lehrkörpers. Der Prüfung unterzogen sich nachstehende Schüler der VIII. Classe: G m e i n e r Josef, Heinzel Carl, Redl Theodor, Schuch Ludwig und Zindler Conrad. Die gestiftete silberne Preismedaille sammt Kette erhielt Redl Theodor, den zweiten Preis Zindler Conrad „W. Lübke, Grundriss der Kunstgeschichte", (gespendet von Director Dr. Maurer), den dritten Preis Heinzel Carl „Goethes Leben und Werke von G. H. Lewes" (gespendet von Prof. A. Heinrich). Auch die Leistungen der Übrigen fanden die verdiente Anerkennung.
2. Aus der steiermärkischen Geschichte, abgehalten am 20. Mai durch Professor Dr. F. Mayer mit 8 Schülern der IV. Classe: Albrecht Othmar, Hermann Victor, Höffern Heribert R. v., Lippert Victor, Longin Emil, Possawetz Eugen, Till Carl und Zwiedineck-Südenhorst Otto Edl. v. Den Vorsitz führte als Vertreter des hochl. steierm. Landesausschusses der Herr Landeshauptmann Gundacker Graf Wurmbrand-Stup-

pach; anwesend waren ferner Herr Universitätsprofessor Dr. Franz Krones R. v. Marchland, der Unterzeichnete und mehrere Herren Collegen. Die Prüfung hatte auch diesmal wieder ein sehr günstiges Resultat, was der Herr Vorsitzende in einer für die Geprüften höchst ehrenden, äußerst herzlichsten Ansprache anerkannte. Wie im verflossenen Jahre, so kamen auch in diesem abermals vier silberne Preismedaillen zur Vertheilung; dieselben erhielten: Hermann Victor, Zwiedineck-Südenhorst Otto Edl. v., Longi Emil und Till Carl.
3. Aus der lateinischen Sprache, abgehalten am 3. Juni durch Professor Dr. A. Mayr unter dem Vorsitze des unterzeichneten Directors in Vertretung des k. k. Landes-Schulinspectors Herrn Dr. Johann Zindler und im Beisein mehrerer Mitglieder des Lehrkörpers mit vier Schülern der VI. Classe: Berghofer Franz, Kainer Franz, Posener Heinrich und Schauenstein Arnold. — Die silberne Jubiläumsmedaille erhielt Berghofer Franz, den zweiten Preis „Dr. K. L. Roth's römische Geschichte" (gespendet vom k. k. Gymnasiallehrer A. Nager) Posener Heinrich, den dritten Preis „Dr. K. L. Roth's römische Geschichte" (gespendet von Prof. Dr. A. Mayr) Schauenstein Arnold und den vierten Preis „Dr. K. L. Roth's griechische Geschichte" (gespendet vom Director Dr. Maurer) Kainer Franz.

J. Chronik des Gymnasiums.

a) 1884.

Am 16. September wurde das Schuljahr mit dem „Veni sancte spiritus" und dem darauf vom Herrn Canonicus Dr. Johann Worm celebrierten Hochamte in der akademischen Kirche eröffnet. An demselben Tage fand die mündliche Maturitätsprüfung für den Herbsttermin 1884 statt.

Am 4. October wurde das Namensfest Sr. Majestät des Kaisers Franz Josef I. durch ein vom Herrn Canonicus Dr. Johann Worm celebriertes Hochamt mit De Teum in der akademischen Kirche gefeiert, welchem der Lehrkörper mit der Gymnasialjugend beiwohnte. Ersterer betheiligte sich auch an der aus demselben Anlasse in der Hof- und Domkirche veranstalteten Feier.

Am 3., 4. und 5. December inspicierte Herr Josef Langl, Professor an der k. k. Oberrealschule im II. Bezirke in Wien, im Auftrage des hohen k. k. Ministeriums für Cultus und Unterricht den Zeichenunterricht und die für denselben bestimmten Sammlungen und sprach sich über beide in sehr anerkennender Weise aus.

Am 6. December überreichten der k. k. Regierungsrath Director Dr. Franz Pauly, Director Johann Gutscher und Professor Dr. Josef Stary dem ehemaligen Schüler der Lehranstalt Dr. Jakob Missia anläfslich seiner Ernennung zum Fürstbischof von Laibach eine von Professor Ludwig Ritter von Kurz zu Thurn und Goldenstein kunstvoll ausgestattete Votivtafel.

Am 13. December fand die 31. Jahresversammlung des Studenten-Unterstützungsvereines statt. An demselben Tage gingen 7 Schüler, die dazu eigens vom Professor Dr. Josef Stary vorbereitet worden waren, zum ersten Male zur hl. Beichte.

b) 1885.

Am 4. Februar verschied der sehr brave Schüler der VIII. Classe Ambros Kraus und wurde am 6. Februar vom Lehrkörper und von den Schülern zu Grabe geleitet.

Am 14. Februar Schlufs des ersten und am 18. Februar Beginn des zweiten Semesters.

Am 11. März fand die mündliche Maturitätsprüfung für den Ostertermin 1885 statt.

Am 17., 18. und 19. März wurden die österlichen Exercitien abgehalten. Außerdem gingen die Schüler bald nach Beginn und kurz vor Schlufs des Schuljahres zur hl. Communion.

Am 21. April starb der Schüler der VI. Classe Mayer Kilian und wurde am 23. April vom Lehrkörper und von den Schülern zu Grabe geleitet.

Am 26. April starb der Schüler der II. Classe Hölzlsauer Josef.

Am 26. April gingen 27 Schüler, welche dazu eigens vom Prof. Dr. Stary vorbereitet worden waren, zum ersten Male zur hl. Communion. Bei diesem Anlasse exequierten die Gesangsschüler unter Leitung des Gesangslehrers Leopold Wegschaider eine sehr schöne Vocalmesse mit Orgelbegleitung.

Am 24. Mai empfingen 64 Schüler das hl. Sacrament der Firmung, nachdem sie dazu von den Herren: Prof. Dr. Stary und Suppl. Dr. Joh. Weiss vorbereitet worden waren.

Am 31. Mai nahm das ganze Gymnasium wieder wie alljährlich an der Votivprocession zur Dreifaltigkeitssäule und am 4. Juni an der Frohnleichnamsprocession theil.

Am 27. Juni wohnte der Director mit mehreren Herren Collegen dem in der hiesigen Hof- und Domkirche abgehaltenen Trauergottesdienste für weiland Seine Majestät Kaiser Ferdinand I. bei.

Am 30. Juni begannen die mündlichen Maturitätsprüfungen.

Am 15. Juli wurde das Schuljahr mit einem feierlichen Hochamte, welches Herr Canonicus Dr. Johann Worm celebrierte und dem Te Deum, nach welchem die Volkshymne gesungen wurde, geschlossen. Gleich darauf fand die Vertheilung der Zeugnisse statt.

K. Verein zur Unterstützung würdiger Schüler der Anstalt.

Die einunddreissigste Jahres-Versammlung eröffnete am 13. December der derzeitige Vereins-Präses Regierungsrath Dr. Franz Pauly mit einer Ansprache, in welcher er besonders betonte, dafs der Verein im Jahre 1884 seit seinem Bestehen die größte Summe zur Vertheilung gebracht, nämlich 1115 fl. 60 kr., während die Durchschnitts-Summe in den ersten dreißig Jahren sich mit 900 fl. bezifferte, im Jahre 1883 mit 916 fl. 69 kr. Diese um rund 200 fl. gesteigerte Summe beweist, dafs die Spenden der Freunde und Gönner des Vereines, sowie seitens der Schüler der Anstalt reichlicher geflossen als früher und es sei die Hoffnung nicht weniger berechtigt als der Wunsch, dafs sich die daraus hervorleuchtende gesteigerte Theilnahme an dem wohlthätigen Vereine auch fernerhin erhalten werde.

Nachdem den sämmtlichen besagten Gönnern, vor Allem wieder dem ersten derselben, dem Ehren-Präses des Vereines, Röm. Grafen Leopold R. v. Lilienthal, sodann den Schülern der Anstalt durch Erheben von den Sitzen seitens der Versammlung der wärmste Dank ausgesprochen worden war, wurde der vom Vereins-Cassier Professor Dr. J. Stary verfafste und vorgetragene, zuvor von den Revisoren J. Richter, k. k. Universitäts-Quästor i. P., und Prof. J. Korp geprüfte und richtig befundene Cassa-Bericht genehmiget.

Hierauf wurden die statutenmäßig nach dreijähriger Functionsdauer abtretenden Herren Ausschufsmitglieder: Dr. J. Stary, Heinr. Weiss v. Schleussenburg, J. Richter und Fr. Korp auf weitere drei Jahre einstimmig wieder gewählt und erklärten dieselben, die Neuwahl freudig anzunehmen.

Endlich sprach der Präses den Versammelten für ihr heutiges Erscheinen, dem Ausschusse, insbesondere dem langjährigen Cassier Dr. Stary und dem Senior J. Richter für ihre Mühewaltung, und Herr Wolf Edler v. Glanvell dem Präses für dessen aufopfernde Thätigkeit den wärmsten Dank aus.

Der Special-Ausweis lautet:

I. Die Zahl der Mitglieder und Gönner des Vereines betrug 68; die Zahl der Beiträge spendenden Schüler der Lehranstalt 536.
1. aus dem Activreste vom Jahre 1882/83, nämlich:
   a) Werthpapiere:
      α) 1 Stück Papierrente . . . . 1000 fl. — kr.
      β) 2 Stück 1860er Fünftel-Lose à 100 fl. . . . . 200 „ — „
      γ) 2 Stück Papier-Rente à 100 fl. . . . . 200 „ — „
      δ) 1 Stück Nordwestbahnactie zu 200 fl. . . . . 200 „ — „
      ε) 3 Stück Papier-Rente à 100 fl., Legat des verstorbenen Schülers Rudolf Rohrhofer . . . . 300 „ — „

      Zusammen . . 1900 fl. — kr.
   b) Bargeld:
      α) 9 Sparcassebüchel, sammt vorgeschriebenen Zinsen lautend auf . 3992 fl. 98 kr.
      β) ein barer Casserest von . . . . 589 „ 53 „

      Zusammen . . 4582 fl. 51 kr.
2. Der Empfang im Jahre 1883/84 betrug:
   a) Beiträge der Mitglieder und Gönner . . . . 464 fl. 02 kr.
   b) Beiträge der Mitschüler . . . . 452 „ 37 „
   c) Ertrag von Coupons der Papier-Effecten . . . . 96 „ 10 „
   d) Zinsen für zeitweilige Einlagen in die Sparcasse . . . . 12 „ 19 „

   Zusammen . . 1024 fl. 68 kr.
   e) eine Stiftung nach seligem Regierungsrathe und Director Dr. Richard Peinlich durch P. Florian Kinnast mit 400 fl. Papierrente Nennwerth 400 „ — „
Somit bestand der gesammte Empfang in Werthpapieren . . Nennwerth 2300 „ — „
und in Bargeld . . . . 5607 „ 19 „
II. Die Ausgaben für 71 Schüler, welche Unterstützung*) erhielten, betrugen:
   a) für Kleidung und Beschuhung . . . . 1093 fl. 60 kr.
   b) für Krankheitsaushilfe . . . . 22 „ — „
   c) für Regie . . . . 56 „ 25 „

   Zusammen . . 1171 fl. 85 kr.
   In die Sparcasse für Umgebung Graz wurden eingelegt . . . . . 30 „ — „
   Somit wurde der Barbestand der Casse vermindert um . . . . . 1201 „ 85 „
welches vom Gesammt-Empfange abgezogen einen Activ-Cassestand ergibt im Betrage:
   a) Obgenannte Werthpapiere . . . . 2300 fl. — kr.
   b) Bargeld:
      α) 9 Sparcassebüchel sammt Zinsen lautend auf : . . . . . 4184 „ 81 „
      β) und ein barer Casserest von . . . . 412 „ 36 „
was gegen das Vorjahr einen Vermögenszuwachs ergibt bar per . . . 14 „ 66 „
                                          und Nennwerth per . . . 400 „ — „

Folgende P. T. Herren und Frauen haben dem Unterstützungs-Vereine für dürftige Schüler am k. k. I. Staats-Gymnasium in Graz pro 1885 milde Beiträge zugewendet:

Die Herren: Leopold Ritter v. Lilienthal, Röm. Graf, Besitzer hoher Orden 100 fl.; Dr. Saria für Ungenannte 50 fl.; Excellenz Graf Meran, k. k. Geheimrath, Mitglied des Herrenhauses 25 fl.; Ignaz Frickher, pens. Sparcasse-Cassier 20 fl.; Ritter Weiss v. Schleussenburg, k. k. Generalmajor a. D. 15 fl.; Johann Gebell Ritter v. Ennsburg, k. k. Hofrath 10 fl.; Pregler, k. k. Hauptmann 10 fl.; Dr. R. v. Močnik Franz, k. k. Schulrath 10 fl.; Institut der Marienbrüder 10 fl.; Dr. Joseph Kahn, Domcapitular, Regens im f. b. Knabenseminar 10 fl.; Anton Griessl, f. b. geistlicher Rath, Subdirector im f. b. Priesterhause 6 fl.; Familie Wolf von Glanvell, k. k. Major 5 fl.; Msgr. Johann Karlon, Chef-Red. des

---

*) Die „Peinlich"-Stiftung erhielt für das Schuljahr 1883/84 der Schüler der IIIa. Classe Heinzel Heinrich.

„Gr. Volksblatt" 5 fl.; Alfred v. Polzer, Privat 5 fl.; Johann Gutscher, k. k. Gymnasial-Director 5 fl.; Willib. Rubatscher, k. k. Gymnasial-Professor 5 fl.; Prälat Dr. Jos. Büchinger, Generalvicar, Priesterhaus-Director 5 fl.; Prälat Dr. Alois Hebenstreit, Dompfarrer 5 fl.; Dr. Joh. Worm, Domcapitular 5 fl.; Joh. Legat, Domcapitular 5 fl.; Dr. Ferdinand Maurer, Gymnasial-Director 5 fl.; H. v. Rebenburg, Gutsbesitzer 5 fl.; Ritter v. Kottié, k. k. General-Intendant a. D. 5 fl.; Dr. Mathias Robitsch, Ehrendomherr, emer. k. k. Universitäts-Prof. 5 fl.; Dr. Franz Fraidl, k.k. Universitäts-Professor 5 fl.; Baron Sessler-Herzinger, Gutsbesitzer 5 fl.; Med. Dr. Zaruba 5 fl.; Alex. von Kyd, k. k. Rittmeister a. D. 5 fl.; Dr. Joseph Stary, Religions-Professor 5 fl.; Dr. Franz Klinger, k. k. Universitäts-Professor 5 fl.; Dr. Joh. Koch, k. k. Professor 3 fl.; Dr. Franz Martin Mayer, k. k. Gymnasial-Professor 3 fl.; Joseph Feichtinger, Instituts-Inhaber 3 fl.; Joseph Frühwirth, Domcapitular und f. b. Ordinariats-Kanzler 3 fl.; Trigler, Privat 2 fl. 10 kr.; Adalbert Fäulhammer, k. k. Gymnasial-Director in Bozen 2 fl.; Dr. Eduard Trummer, Domdechant 2 fl.; Dr. Ritter von Scherer, k. k. Universitäts-Professor 2 fl.; Joseph Zaplotal, Redacteur 2 fl.; A. v. P. 2 fl.; Cajetan Hoffmann, Franz Korp, Dr. Ant. Ausserer, Dr. Jakob Purgaj, Dr. Anton Mayer, Gabriel Mitterstiller, Anton Naumann, Joseph Mayerhofer, Adam Wapienik, Dr. Karl Reißenberger, Dr. Franz Standfest, Albin Nager, sämmtlich k. k. Gymnasial-Professoren, je 2 fl.; Dr. Joh. Weiß, Domvicar, suppl. Gymnasial-Lehrer 2 fl.; Karl Winkler, suppl. Gymnasial-Lehrer 2 fl.; Joh. Graus, k. k. Conservator 2 fl.; Georg Schabel, Vicar an der Stadtpfarre 1 fl.; Adalbert Schmid, Ehrendomherr, Spiritual 1 fl.; Dr. H. König, k. k. Gymnasial-Professor 1 fl.; Franz Hubad, k. k. Gymnasial-Professor 1 fl.; Franz Scholz, Instituts-Director 1 fl.; R. Kurz v. Goldenstein, k. k. Gymnasial-Professor 1 fl.; Dr. Steger, suppl. Gymnasial-Lehrer 1 fl.

Die Frauen: Gräfin Anna Künigl 5 fl.; Katharina Englhofer, Private 5 fl.; Ida v. Kodolitsch, Private 5 fl.; Antonie v. Liebenwein, Hausbesitzerin 5 fl.; Baronin Spiegelfeld, Stiftsdame, Vorsteherin 3 fl.; Gottinger, Realitätenbesitzerin 1 fl.

Beiträge von Seite der Gymnasialschüler im Jahre 1885: VIII. Classe A 24 fl. 35 kr.; VIII. Classe B 11 fl. 50 kr.; VII. Classe A 12 fl. 50; VII. Classe B 18 fl. 10 kr.; VI. Classe A 18 fl. 50 kr.; VI. Classe B 21 fl. 23 kr.; V. Classe A 32 fl. 60 kr.; V. Classe B 31 fl. 60 kr.; V. Classe C 16 fl. 70 kr.; IV. Classe A 14 fl. 60 kr.; IV. Classe B 36 fl. 85 kr.; III. Classe A 31 fl. 50 kr.; III. Classe B 37 fl. 50 kr. II. Classe A 19 fl. — kr.; II. Classe B 10 fl. — kr.; I. Classe A 32 fl. 20 kr.; I. Classe B 5 fl. 90 kr.

Für alle Gaben dankt hiermit der Vereinsvorstand, vorzugsweise dem großmüthigen Förderer der Vereinszwecke durch viele **Jahre**, dem Herrn Leopold Ritter von Lilienthal, Römischen Grafen, Inhaber vieler hoher Orden, und allen jenen P. T. Herren und Frauen, welche dem Vereine ihre liebevolle Theilnahme zuwenden.

Für alle lebenden und verstorbenen Mitglieder und Wohlthäter wurde am 5. Juli beim Gymnasial-Gottesdienste das hl. Messopfer dargebracht.

L. Verordnungen der Schulbehörden.

a) Kundgemacht im Verordnungsblatte des k. k. Ministeriums für Cultus und Unterricht.

1. Verordnung vom 26. Mai 1884, Z. 10128, betreffend mehrere Abänderungen des Lehrplanes der Gymnasien und die Hinausgabe von Instructionen für den Unterricht an den Gymnasien. 2. Erlafs vom 27. Mai 1884, Z. 8019, betreffend die Aufnahmsprüfungen für die I. Cl. d. Mittelschulen: 1. Die Aufnahmsprüfung aus der Religionslehre ist bloß mündlich, aus der Unterrichtssprache und dem Rechnen schriftlich und mündlich vorzunehmen. 2. Von der bisher geforderten Bekanntschaft mit den Regeln der Interpunction und ihrer richtigen Anwendung beim Dictandoschreiben ist abzusehen. 3. Die Lehrkörper werden ermächtigt, die mündliche Prüfung aus der Unterrichtssprache und dem Rechnen jedem Schüler zu erlassen, welcher seine Reife in diesen Gegenständen bei der schriftlichen Prüfung durch mindestens „befriedigende" Leistungen und im Volksschulzeugnisse mindestens durch die Note „gut" dargethan hat. 4. Ebenso können Schüler, deren Religionsnote aus dem vierten Schuljahre der Volksschule nicht geringer als „gut" ist, von der mündlichen Prüfung aus der Religionslehre befreit werden. 5. Sind in einem Prüfungsgegenstande die Zeugnisnoten und die aus der schriftlichen Prüfung entschieden ungünstig, so ist der Schüler zur mündlichen Prüfung nicht zuzulassen, sondern als unreif zurückzuweisen.

3. Verordnung vom 15. Nov. 1884, Z. 22255, durch welche das Schulgeld an sämmtlichen Staats-Mittelschulen, mit Ausnahme derer in Wien, vom Schuljahr 1885/6 ab mit 20 Gulden für die vier unteren und mit 24 Gulden für die höheren Classen festgesetzt wird.

4. Verordnung vom 28. April 1885, Z. 7553: *a)* Schüler der VIII. Cl., welchen im 2. Sem. ein Zeugnis der II. oder III. Fortgangscl. ertheilt wird, sind in der Regel erst nach Ablauf eines weiteren Schuljahres zur Ablegung der Maturitätsprüfung zuzulassen; ebenso dürfen Abiturienten, welche nach den Hauptferien aus einem Gegenstande die Wiederholungsprüfung zu machen haben, erst nach erfolgreicher Ablegung dieser Prüfung, jedoch bereits im Herbsttermine desselben Jahres, zur Maturitätsprüfung zugelassen werden. *b)* Vorschubleistung zu Betrug bei der schriftlichen Maturitätsprüfung ist nach Umständen ebenso zu bestrafen wie Betrug. *c)* Examinanden, welche bei vollständiger Maturitätsprüfung vier, oder bei particller Prüfung lauter ungenügende Elaborate geliefert haben, sind ohne weiters für den laufenden Prüfungstermin abzuweisen. *d)* Die Landesschulbehörden werden ermächtigt, jenen Examinanden, welche wegen Mangels staatsgiltiger Zeugnisse aus einem Gegenstande, der sonst bei der mündlichen Prüfung nicht geprüft wird (Religionslehre, Naturgeschichte, philosoph. Propädeutik), das Examen zu bestehen haben, die Ablegung desselben vor der übrigen Maturitätsprüfung zu gestatten. *e)* Bei der Feststellung der Note aus dem sittlichen Betragen und der Religionslehre sind nur die vier Semester der obersten zwei Classen in Betracht zu ziehen. *f)* Candidaten mit einem Reifezeugnisse für technische Hochschulen sind bei der Maturitätsprüfung für Universitätsstudien die Prüfungen aus Mathematik, Naturgeschichte und Physik unbedingt zu erlassen, und ist die Prüfung aus der Geschichte auf die der classischen Völker des Alterthumes einzuschränken.

b) Mitgetheilt oder erlassen von dem k. k. steierm. Landesschulrathe.

1. Erlafs vom 25. Sept. 1884, Z. 4950, durch welchen die Anschaffung des im Auftrage des h. k. k. Min. f. Cultus und Unterricht veröffentlichten

Werkes „Normalien für die Gymnasien und Realschulen in Oesterreich, I. Th. (Gymnasien)" für die Lehrerbibliothek angelegentlich empfohlen wird.
2. Erlafs vom 27. Nov. 1884, Z. 6972, durch welchen der Erlass des Herrn Min. f. Cultus u. Unterr. v. 18. Nov. 1884, Z. 990 bezüglich der Berichterstattung über die Wirkungen der Durchführungen des neuen Lehrplanes und der zugehörigen Instructionen mitgetheilt wird.
3. Erlafs vom 5. April 1885, Z. 1789, durch welchen im Auftrage des Herrn Min. für Cultus und Unterricht vom 30. März 1885, Z. 126, die unverzügliche Entfernung des zur Lectüre für die Schuljugend ungeeigneten Werkchens „Van Swieten, Nr. 29 der Jugendbibliothek von Obentraut" aus allen Schülerbibliotheken angeordnet wird.
4. Erlafs vom 23. April 1885, Z. 2101, durch welchen die durch den h. Erlass des Herrn Min. für Cultus und Unterricht vom 13. April 1885, Z. 6328 erfolgte Genehmigung der abgeänderten Disciplinarordnung für die beiden Staatsgymnasien in Graz mitgetheilt wird.

M. Alphabetisches Verzeichnis sämmtlicher öffentlicher Schüler am Schlusse des II. Semesters.

(Die Namen der Vorzugsschüler sind mit fetter Schrift gedruckt).

I. Classe A.

1. Andres Max.
2. Boil Franz.
3. Blumenstok Rudolf.
4. Czerni Leopold.
5. Denglor Erwin.
6. Fels Alexander.
7. Ferro Moriz, Ritter von.
8. v. Fischer Emil.
9. Fongarolli Karl.
10. Friedl Ludwig.
11. Gabriel Siegfried.
12. Gargitter Eduard.
13. Gatterer Max.
14. Hoffmann Heinrich.
15. Högelsberger Richard.
16. Hradetzky Franz.
17. Huber Adolf.
18. Kappel Franz.
19. Karner Johann.
20. Klinzer Max.
21. Kraus Cajetan.
22. Kurz Ignaz.
23. Löw Ludwig.
24. Mara Julius.
25. v. Mottoni Ludwig.
26. Müller Isidor.
27. Perusino Josef.
28. Pinkas Gustav.
29. Ringl Ernst.
30. Rottenstein Sigmund.
31. Schedl Heinrich.
32. Schischek Franz.
33. Schmit Rob., R. v. Tavera.
34. Schnopl Albert.
35. Schuch Julius.
36. Seewald Agathon.
37. Steiner Hugo.
38. Strohmeier Helnrich.
39. Tesimaier Friedrich.
40. Tomschitz Walter.
41. Valduga Emanuel.
42. Veith Georg, Graf v.
43. Walter Karl, v. Walden.
44. Weiss Franz.
45. Szabó Gustav, Ritter v.

I. Classe B.

1. Blaschke Wilhelm.
2. Canstein Robert, Freih. v.
3. Eberle Oscar.
4. Einem Günther, v.
5. Fastl Felix.
6. Frenzl Richard.
7. Frodl Karl.
8. Glaser Karl.
9. Gleichweit Hermann.
10. Grabner Franz.
11. Gstettenhofer Franz.
12. Herzl Leo.
13. Kahr Hugo.
14. Kahr Karl.
15. Kabr Karl.
16. Kokotović Stefan.
17. Kovačič Victor.
18. Latterer Franz, Ritter v.
19. Lešák Josef.
20. Maboreig Josef.
21. Maurer Josef.
22. Mayer Richard.
23. Merl Otto.
24. Müller Victor.
25. Ortwein Rudolf.
26. Rosacher Oscar.
27. Sebober Ferdinand.
28. Schönhofer Lud., Edler v.
29. Schott Alexander.
30. Schreckenthal Josef.
31. Schurz Wilhelm.
32. Seewald Wilhelm, Ritter v.
33. Sitzenfrey Franz.
34. Steinsdorfer Gustav.
35. Stricker Wilhelm.
36. Strobal Emil.
37. Strobmaier Rupert.
38. Suschnik Wilhelm.
39. Thien Wilhelm, Edler von Thienenfels.
40. Thuma Richard.
41. Weisseubach Ernst, Frh. v.
42. Weselko Rupert.
43. Wolff Fritz.
44. Zeichen Emil.

1. v. Arvay Rudolf.
2. Baldauf Victor.
3. Braun Josef.
4. Burich Richard.
5. v. Fachbach Johann.
6. Fuchs Karl.
7. Gottinger Friedrich.
8. Haim Josef.
9. Harter Rudolf.
10. Hauber Alexander.
11. Hausleitner Franz.
12. Hayn Karl, Freiherr v.
13. Hochstätter Theodor.

II. Classe A.

14. Huber Eduard.
15. Jakopp Raimund.
16. Kalss Josef.
17. Kosmatsch Rudolf.
18. Köttl Josef.
19. Lederer Robert.
20. Melzer Johann.
21. v. Muchmayer Eugen.
22. Müller Alois.
23. Müller Karl.
24. Poloni Gabriel.
25. Resch Ottokar.
26. Riedl Julius.

27. Rosenberger Lorenz.
28. Schalko Ludwig.
29. v. Schickh Robert.
30. Schinner Josef.
31. Schlosser Felix.
32. Sitzenfrey Anton.
33. Stampfel Ludwig.
34. Stoschier Edmund.
35. Strohmayer Michael.
36. Vondraček Wenzl.
37. Zenz Franz.
38. Zistler Josef.

II. Classe B.

1. Ackerl Emil.
2. Bartels Gustav.
3. Blümel Rudolf.
4. Dürr Janko.
5. Engelsheimb Rudolf, v.
6. Englhofer Otto.
7. Ertl Victor.
8. Fork Josef.
9. Fröhlich Quido.
10. Greiner Johann.
11. Herbst Franz.
12. Holzinger Johann.
13. Jakić Alois.
14. Jandl Anton.

15. Jansta Alois.
16. Jantsch Franz.
17. Jettmar Friedrich, R. v.
18. Junkar Milan.
19. Kočevar Franz.
20. Komadina Rudolf.
21. Lieohart Heinrich.
22. Lindl Johann.
23. Maison v. Lobenstein, Alex.
24. Markl Leopold.
25. Nepel Franz.
26. Oberascher Emerich.
27. Paul Franz.
28. Plötz Mathias.

29. Preschorn Hermann.
30. Rossmann Anton.
31. Schlosser Karl.
32. Schreiber Franz.
33. Sima Albin.
34. Temmel Karl.
35. Tunkl Johann, Freih. v.
36. Ussar Alexander.
37. Vidovič Ernest.
38. Waczulik Hermann.
39. Weiss v. Schleussenburg Hugo.
40. Wieden Karl, Edler. v.

III. Classe A.

1. Andrioli Rudolf, Ritter v.
2. Bellan Franz.
3. Beudel Moriz.
4. Braunschmied Heinrich.
5. Brettenthaler Franz.
6. Bruckner Wilhelm.
7. Catharin Victor, Ritter v.
8. Dengler Ernst.
9. Drolz Johann.
10. Englhofer Franz.
11. Enzenberg Rudolf, Graf.
12. Fürstbauer Max.
13. Hartmann Friedrich.
14. Höller Ludwig.

15. Jakopp Josef.
16. Jammik Rudolf.
17. Klauser Willibald.
18. Königsbrun Max, Freih. v.
19. Krauss Ludwig.
20. Lechner Gustav.
21. Lederer Karl.
22. Martani Alois.
23. Mayer Richard.
24. Matzner Erich, Ritter v.
25. Meßner Julius.
26. Mitterbacher Hermann
27. Monschein Karl.
28. Nepuschlau Heinrich.

29. Parlesak Josef.
30. Perko Felix.
31. Pesamoska Albrecht.
32. Petry Eugen.
33. Pfisterer Peter.
34. Plankensteiner Karl.
35. Rüdt Georg, Freiherr v.
36. Schartner Johann.
37. Sedlmayr Erwin.
38. Sedlaczek Richard.
39. Streissler Eduard.
40. Trost Dominicus.
41. Wallner Max.

III. Classe B.

1. Benischko Hans.
2. Beroldingen Erwin, Graf.
3. Boskovits Otto
4. v. Dapsy Victor.
5. Davanzo Johann.
6. Derrant Josef.
7. Ensbruner Georg.
8. Fränkel Berthold.
9. Großheim Josef.
10. Hartstein Friedrich.
11. Heeger Otto.
12. Kapper Anton.
13. Karnitschnigg Max, Rit. v.
14. Kautzner Karl.

15. Keiter Albin.
16. Kollmann Max.
17. Kopetzky Alois.
18. Kopfauf Johann.
19. Krischai Karl.
20. Loittenkamer Ignaz.
21. Leopold Rudolf.
22. v. Liibbe Louis.
23. Marx Adolf.
24. Misar Wladimir.
25. Mlaker Josef.
26. O'Lynch v Tovon Karl.
27. Ortwein Josef.
28. Perner Johann.

29. Pfohl Franz, Ritter v.
30. Pipetz Gustav.
31. Platzer Franz.
32. Pock Maximilian.
33. Reddi Paul.
34. Römor Curt.
35. Roschger Anton.
36. Schmid Mathias.
37. Sokol R. v. Jalndol Alfred.
38. Stockert Karl.
39. Walter Wladimir.
40. Walzl Richard.

1. Albrecht Otbmar.
2. Antauer Richard.
3. Auer Florian.
4. Bargum Franz.
5. Bein Quido.
6. Carstanjen Max.
7. Egger Johann.
8. Fritsch Victor.
9. Fuchs Karl.
10. Gmeiner Karl.
11. Götz Otto.
12 Grießl Cajetan.
13. Hallavanja Karl v. Radoičić.

IV. Classe A.

14. Haschka Josef.
15. Heinzel Heinrich.
16. Herrmann Victor.
17. Hofbauer Karl
18. Hofer Ignaz.
19. Hoffer Karl.
20. Jantsch Ludwig.
21. Klimbacher Camillo.
22. Kundegraber Karl.
23. Lautner Franz.
24. Lippert Victor.
25. Longin Emil.
26. Mayer Alois.

27. Melzer Friedrich.
28. Nadermann Friedrich.
29. Nokowitsch Leopold.
30. Pachner Paul.
31. Pinkas Otto.
32. Schmidbauer Karl.
33. Schrey Edmund, Edler v. Redlwerth.
34. Storeker Johann.
35. Stenitzer Richard, Ritt. v.
36. Stiefvater Paul.
37. Zöch Gustav.

IV. Classe B.

1. Arvay Clemens, v.
2. Buchta Wilhelm, Ritter v.
3. Burgstall Josef.
4. Emminger Karl.
5. Frölichsthal Max, Ritter v.
6. Fröhlichsthal Victor, R. v.
7. Grablowitz Otto.
8. Gračner Karl.
9. Hansa Friedrich.
10. Höffern Heribert, Ritter v.
11. Humpel Rudolf.
12. Kerwina Franz.
13. Kollmayer Johann.
14. Krammer Gustav.
15. Lichtenegger Adolf.
16. Liebesberg Josef.

17. Macun Milotin.
18. Orac Julius.
19. Pollak Victor.
20. Possavetz Eugen.
21. Raffelsberger Ernst.
22. Ringl Friedrich.
23. Rottmayer Wilhelm.
24. Sammer Max.
25. Schauenstein Wilhelm.
26. Schwarz Eduard.
27. Schwechler Karl.
28. Sepper Hermann.
29. Soukup Josef.
30. Sponer Alfred, v.
31. Stadler Alfred, Eder von Wolfsgrün.

32. Stampfl Karl.
33. Steffau Ferd., Edler von Steffonau.
34. Till Karl.
35. Uray Oscar.
36. Wagl Hermann.
37. Weber Heinrich.
38. Welspacher Moriz.
39. Wilfinger Hubert.
40. Wiser Edmund, Ritter v.
41. Wolf Karl.
42. Wosetzky Rudolf.
43. Wratitsch Ottokar.
44. Wrenig Franz.
45. Zechner Franz.
46. Zwidineck O. v. Südenhorst.

V. Classe A.

1. Bellmond Rudolf, Edler v.
2. Brandl Karl.
3. Bullmann Alexander.
4. Czetsch Otto, Ritter v.
5. Donauer Franz.
6. Eizinger Egon.
7. Eizinger Octavian.
8. Fröhlich Rudolf, Edler v.
9. Fürntratt Karl.
10. Gabriel Ludwig.
11. Hanner Franz.
12. Hudabiunigg Max.

13. Jerzabek Karl.
14. Jutmann Walther.
15. Kolar Friedrich, Edler v.
16. Krause Franz.
17. Kreft Wilhelm.
18. Leinweber Alois.
19. Mayer Adolf.
20. Mayer Karl.
21. Pohl Richard.
22. Presuhn Alexander.
23. Prucher Anton.
24. Raunicher Engelbert.

25. Reiterer Richard.
26. Scheuer Rudolf, Ritter v.
27. Schmigoz Richard, Freih. v.
28. Schützenhofer Andreas.
29. Stoltz Alfred v. Doriawall.
30. Stolz Max.
31. Strohmayer Franz.
32. Trigler Eduard.
33. Wiesler Friedrich.
34. Zamikal Ferdinand.

V. Classe B.

1. Daniek Franz, Edler v.
2. Daut Moriz.
3. Drill Robert.
4. Einem William v.
5. Flick Richard.
6. Hirschböck Anton.
7. Holzer Josef.
8. Kickh Adolf.
9. Klotzinger Ludwig.
10. Kominik Max.
11. Kurzmann Erhard.
12. Lappi Anton.
13. Lazurini Kuno, Freih. v.

14. Leuzendorf Rudolf, R. v.
15. Lipp Josef.
16. Lössl Leopold.
17. Menacher Karl.
18. Mohr Eugen.
19. Mossmann Franz.
20. Mühsam Martin.
21. Mutschlechner Alfred.
22. Pateisky Leopold.
23. Polzer Arthur, Ritter v.
24. Pölzl Albert.
25. Pregler Erwin v.
26. Pucher Josef.

27. Rebenburg Hugo, Edler v.
28. Satter Arthur.
29. Scarpa Victor.
30. Schloffer Arnold.
31. Schmidt Adolf.
32. Seeger Hermann.
33. Seltmann Arthur, Edler v.
34. Stift Erwin.
35. Stoisser Cajetan.
36. Tandler Constantin.
37. Urpani Franz.
38. Waltl Alois.
39. Zach Josef.

1. Brunnegger Matthäus.
2. Eberl Josef.
3. Ertl Franz.
4. Fraidl August.
5. Grossauer Karl.
6. Haring Johann.
7. Hofer Johann.
8. Kaiser Franz.
9. Kolli Clemens.
10. Kotzbeck Jakob.
11. Kraxner Alois.
12. Kuhn Otto.

V. Classe C.

13. Kunter Heinrich.
14. Legat Franz.
15. Leitgeb Johann.
16. Lindbichler Karl.
17. Luttenberger Franz.
18. Maierhofer Karl.
19. Müller Alois.
20. Neubauer August.
21. Petritz Georg.
22. Resch Florian.
23. Riedl Josef.
24. Rodler Alois.

25. Salburg Theodor, Graf.
26. Schwarzl Franz.
27. Seethaler Ferdinand.
28. Sessler - Herzinger Josef, Freih. v.
29. Spann Maximilian.
30. Stolz Max.
31. Uhl Johann.
32. Wedl Johann.
33. Zechner Johann.

VI. Classe A.

1. Abseuger Josef.
2. Andres Karl.
3. Březowsky Wilhelm.
4. Brunnhofer Patriz.
5. Hempel Josef, R. v.
6. Herzog Franz.
7. Hochenburger Anton.
8. Höller Karl.
9. Höller Josef.
10. Hofmann Karl v. Wellenhof.
11. Ingram Victor R. v.

12. Jutmann Ernst.
13. Kern Alois.
14. Köck Josef.
15. Luksch Ludwig.
16. Novak Othmar.
17. Pachner Roman.
18. Pesendorfer Alexander.
19. Preschern Alfred.
20. Rabatič Theobald.
21. Rosthorn Karl, Edler v.
22. Schauenstein Arnold.

23. Stocker Karl.
24. Tauber Johann.
25. Trost Franz.
26. Uhely Felix.
27. Urbas Albert.
28. Weis Friedrich, R. v. Ostborn.
29. Weiss Friedrich v. Schleusenburg.
30. Zechmeister Moriz.
31. Zolinka Franz.

VI. Classe B.

1. Amtmann Franz.
2. Berghofer Franz.
3. Berwich Alfons.
4. Buchgraber Alfons.
5. Dörner Alexander.
6. Ernst Rupert.
7. Esser Karl.
8. Fuchsbichler Josef.
9. Gasteiger Heinrich v.
10. Guggitz Alexander.
11. Herzog Wilhelm.
12. Hotzek Karl.
13. Jandl Johann.
14. Kniner Franz.
15. Kellersperg Roderich, Freih. v.

16. Korbisser Bernhard.
17. Kiendler Franz.
18. Köck Johann.
19. Kölbl Alois.
20. Krauss Hermann.
21. Kübeck Leo, Freih. v.
22. Kübeck Max, Freib. v.
23. Löcs Gustav.
24. Lubensky Paul.
25. Masger August.
26. Neuwirth Josef.
27. Neuwirth Max.
28. Niess Josef.
29. Obst Anton.
30. Petz Josef.
31. Pfeifer Peter.

32. Polzer Ludwig, Ritter v.
33. Posener Heinrich.
34. Prandstetter Rembert.
35. Prisching Franz.
36. Rosenberger Johann.
37. Schwach Hans.
38. Spanner Johann.
39. Spanocchi Lelio, Graf.
40. Strohmayer Josef.
41. Unger Johann.
42. Uray Ludwig.
43. Wibl Johann.
44. Ziervogel Franz.

VII. Classe A.

1. Blimetzrieder Franz.
2. Eder Josef.
3. Eisenzopf Josef.
4. Fauster Simon.
5. Fridrich Emanuel.
6. Gollenz Leopold.
7. Gumplovicz Ladislaus.
8. Harpf Hans.
9. Heiss Stefan.
10. Hiebaum Florian.

11. Hofer Johann.
12. Hofmann Victor v. Wellenhof.
13. Jurinka Josef.
14. Kohlberger Alois.
15. Lamp Karl.
16. Laug Alois.
17. Neubauer Peter.
18. Neuhauser Johann.
19. Pacher Emil.

20. Pichler Adolf, Edler v.
21. Rottmayer Fritz.
22. Schweitzer Karl.
23. Sigmundt Anton.
24. Sigmund Othmar.
25. Steinberger Alois.
26. Weiss Adam v. Schleusenburg.
27. Wymasal Adolf.
28. Zeidler Victor.

VII. Classe B.

1. Attems Karl, Graf.
2. Banniza August, R. v.
3. Barthl Franz.
4. Bischoff Ernst.

5. Drasenovich Adalbert v.
6. Dub Friedrich.
7. Fränkel Sigmund Mayer.
8. Gebell Eugen, R. v.

9. Karner Felix.
10. Kettler Julius.
11. Knapp Ludwig.
12. Krek Bogomil.

13. Krodemausch Eduard.
14. Kronegger August.
15. Kroyss Josef.
16. Neuer Franz.
17. Picha Wenzel.

18. Planer Richard.
19. Postuvanschitz Johann.
20. Praitenau Adolf v.
21. Ribitsch Heinrich.
22. Samassa Paul.

23. Schloffer Hermann.
24. Stranzl Franz.
25. Stroriedl Gustav.
26. Weyer Othmar.
27. Weiss Gabriel.

VIII. Classe A.

1. Aufrecht Anton.
2. Baumgartner Leo.
3. Bažant Adolf.
4. Cron Otto, Edler v.
5. Dobrucki Ladislaus, R. v.
6. Draxler Leo.
7. Einsiedler Josef.
8. Fasching Moriz.
9. Glaser Franz.
10. Gmeiner Josef.
11. Götz Adolf.

12. Haas Heinrich.
13. Hetuzel Karl.
14. Hoffmann Julius.
15. Holzschuh Rudolf.
16. Jordis Camillo, Freih. v.
17. Kandutsch Johann.
18. Kottié Wilhelm, R. v.
19. Künigl Karl, Graf.
20. Lepuschlitz Johann.
21. Lesiak Emil.
22. Masser Johann.

23. Mihurko Max.
24. Mühsam Hugo.
25. Pipitz Max.
26. Pohl Josef.
27. Redl Theodor.
28. Schener August, R. v.
29. Schorl Richard.
30. Schnch Ludwig.
31. Zinner Josef.

VIII. Classe B.

1. Freissinger Franz.
2. Hauser Paul.
3. Herzog Ignaz.
4. Högler Josef.
5. Käfer Franz.
6. Klöpfer Johann.
7. Kosmatsch Hermann.
8. Kröpfl Karl.
9. Krones Fritz, R. v.

10. Kukula Theodor.
11. Lackmaier Ludwig.
12. Lippitsch Cajetan.
13. Löffelmann Rudolf.
14. Makszin Franz v.
15. Mayer Josef, Edler v.
16. Michelitsch Anton.
17. Neumeister Otto.
18. Pirker Franz.

19. Prenner Friedrich.
20. Raffelsberger Oscar.
21. Ranftl Johann.
22. Schönberger Ernst, Baron.
23. Schouppé Josef, Edler v.
24. Siegl Johann.
25. Trummer Anton.
26. Zindler Conrad.

N. Kundmachung betreffend das Schuljahr 1885/6.

Das Schuljahr 1885/6 wird am 16. September mit dem heil. Geistamte in der akademischen Kirche eröffnet werden.

Die Aufnahme der Schüler in die erste Classe wird am 11. September von 8 bis 12 Uhr, die der übrigen neu eintretenden Schüler am 12. September von 9 bis 12 Uhr stattfinden. Die Aufnahme der gewesenen Schüler erfolgt am 14. und 15. September von 9 bis 12 Uhr. Bei dieser hat jeder Schüler das von den Eltern oder Vormunden unterzeichnete Zeugnis des letzten Semesters und, wenn er von der Entrichtung des Unterrichtsgeldes befreit war, auch den Mittellosigkeitsausweis abzugeben und den Lehrmittelbeitrag von 1 fl. ö. W. zu entrichten. Später findet keine Aufnahme mehr statt.

Sämmtliche neuen Schüler sind von ihren Eltern oder deren Stellvertretern vorzuführen und haben gleich bei der Einschreibung eine Aufnahmstaxe von 2 fl. 10 kr. und einen Lehrmittelbeitrag von 1 fl. zu entrichten.

Die in die erste Classe Eintretenden müssen das neunte Lebensjahr zurückgelegt haben und sich hierüber durch Beibringung ihres Tauf- oder Geburtsscheines ausweisen; überdies haben diejenigen, welche eine öffentliche Volksschule besuchten, ein Frequentationszeugnis beizubringen, welches unter ausdrücklicher Bezeichnung seines Zweckes die Noten aus der Religionslehre, der Unterrichtssprache und dem Rechnen zu enthalten hat.

Die wirkliche Aufnahme in die erste Classe — sei es als öffentlicher Schüler, sei es als Privatist — hängt von dem Erfolge der Aufnahmsprüfung ab, bei welcher folgende Anforderungen gestellt werden: In der **Religion** jenes Maß von Wissen, welches in den ersten vier Jahrescursen der Volksschule erworben werden kann, Fertigkeit im **Lesen** und **Schreiben der deutschen Sprache** und **der lateinischen Schrift**, Kenntnis der Elemente aus der **Formenlehre der deutschen Sprache** (insbesondere sichere Kenntnis der Biegung von Haupt-, Eigenschafts-, Für- und Zeitwörtern, beim Zeitworte richtiges und fertiges Erkennen und Bilden der Zeiten, Arten und Formen), Fertigkeit im **Analysieren** einfacher bekleideter Sätze, Bekanntschaft mit den Regeln der **Orthographie** und richtige Anwendung derselben beim Dictandoschreiben, Übung in den **vier Grundrechnungsarten** mit ganzen Zahlen.

Diese Prüfung wird am 11. September um 2 Uhr Nachmittags beginnen.

Nichtkatholische Schüler haben bei der Einschreibung ein vom Religionslehrer ihrer Confession ausgestelltes Zeugnis über ihre religiöse Vorbildung vorzulegen.

Die **in eine höhere Classe neu eintretenden Schüler** haben nebst dem Tauf- bez. Geburtsscheine die zwei letzten Semestralzeugnisse und den Nachweis der vorschriftsmäßigen Abmeldung von der früheren Anstalt vorzulegen.

Jene Schüler, welche in eine höhere Classe aufgenommen werden wollen, jedoch die zur Aufnahme in die betreffende Classe erforderliche Vorbildung durch kein legales Zeugnis nachweisen können, müssen sich gegen Erlag einer Taxe von 12 fl. der vorgeschriebenen Aufnahmsprüfung unterziehen.

Die Wiederholungs-, Nachtrags- und Aufnahmsprüfungen werden am 14. September um 2 Uhr Nachmittags beginnen; daher müssen jene Schüler, welche eine dieser Prüfungen abzulegen haben, schon bei der am 14., beziehungsweise 12. September stattfindenden Einschreibung erscheinen.

Da am hiesigen Gymnasium in der I. und II. Classe das **Zeichnen** obligater Unterrichts-Gegenstand ist, so haben die Privatisten dieser Classen bei den am Schlusse eines jeden Semesters stattfindenden Privatisten-Prüfungen auch in diesem Gegenstande sich der Prüfung zu unterziehen.

Das **Schulgeld** beträgt halbjährig für die Schüler des Untergymnasiums 10 fl., für die des Obergymnasiums 12 fl. Von der Zahlung desselben können nur solche **wahrhaft dürftige** Schüler befreit werden, welche im letzten Semester einer Staatsmittelschule als öffentliche Schüler angehört und in den Sitten die Note „musterhaft" oder „lobenswert", im Fleiße „ausdauernd" oder „befriedigend" und im Fortgange die erste allgemeine Zeugnisclasse erhalten haben.

Die Zulassung zur Theilnahme am Unterrichte in einem **freien Gegenstande** wird im Anfange eines jeden Semesters durch eine Anmeldung bei der Direction angesucht und es bedarf dieselbe der Zustimmung des Vaters oder des gesetzlichen Stellvertreters. Kein Schüler darf den einmal angefangenen Besuch eines freien Lehrgegenstandes ohne ausdrückliche Einwilligung der Eltern oder deren Stellvertreter und Genehmigung des Lehrkörpers vor dem Schlusse des Semesters aufgeben.

O. Einige Bemerkungen betreffend das harmonische Zusammenwirken von Schule und Haus zur Erreichung des Unterrichtszweckes.

Der Abschluss eines Schuljahres liefert leider häufig das für Eltern und Lehrer gleich unerfreuliche Resultat, dass eine bald größere, bald geringere Anzahl von Schülern in wissenschaftlicher Beziehung den gesetzlichen Anforderungen nicht entsprochen hat. Obwohl in dem abgelaufenen Schuljahre der Unterrichtserfolg im Allgemeinen nicht als ein ungünstiger bezeichnet werden kann, so würde doch nach der innigsten Überzeugung des Unterzeichneten eine weit größere Anzahl von Schülern das vorgeschriebene Lehrziel erreicht haben, wenn der Schule in allen Fällen von Seite der Eltern, beziehungsweise deren Stellvertretern, eine kräftigere Unterstützung zutheil geworden wäre. Geleitet von der Absicht, einerseits den Unterrichtserfolg zu heben und andererseits den Eltern manche Sorge, welche oftmals am Schlusse des Schuljahres an dieselben herantritt, zu ersparen, hält es der Unterzeichnete für angemessen, diesen Jahresbericht mit einigen Bemerkungen über das harmonische Zusammenwirken von Schule und Haus zu schließen und zu zeigen, in welcher Weise die Eltern im Interesse ihrer Söhne das Wirken der Schule unterstützen können und sollen.

Eine Hauptursache des geringen Unterrichtserfolges namentlich bei Anfängern ist die Unaufmerksamkeit während des Unterrichtes. Gegen diese hat allerdings die Schule einige kräftige Mittel, allein sie erweisen sich nicht immer als ausreichend, namentlich dann nicht, wenn die Schule in dieser Richtung nicht die nöthige häusliche Unterstützung findet. Worin soll nun diese bestehen? Etwa darin, dass die Eltern ihren Sohn unter die Obhut eines Hauslehrers stellen? Keineswegs; denn abgesehen davon, dass auch ein Hauslehrer nur unter der Voraussetzung Ersprießliches leisten kann, dass sein Zögling in der Schule aufmerksam ist und ihm gewissenhaft den in derselben vorgenommenen Lehrstoff mittheilt, hat diese Art häuslicher Nachhilfe noch den Nachtheil, dass der Schüler sich gänzlich auf seinen Hauslehrer verlässt und meint, dass ein Aufmerken während des Unterrichtes für ihn gar nicht nothwendig sei. Viel kräftiger können die Eltern die Schule in ihrem Streben, die Schüler zur Aufmerksamkeit während des Unterrichtes anzuhalten, dadurch unterstützen, dass sie sich selbst der Mühe unterziehen, ihren Sohn jedesmal, so oft er aus der Schule nach Hause kommt, zu fragen, was aufgegeben oder geprüft worden sei, und in dem Falle, dass die Antwort unklar oder unwahrscheinlich lautet, sich sofort mit dem betreffenden Lehrer ins Einvernehmen setzen. Hat einmal der Schüler die Überzeugung gewonnen, dass seine Eltern, beziehungsweise deren Stellvertreter, sich um die Vorkommnisse in der Schule kümmern und dass eine unwahre Antwort von seiner Seite sofort entdeckt wird, so wird er anfangs vielleicht nur aus dem Grunde, um einem häuslichen Tadel zu entgehen, später aber, sobald er einen Erfolg wahrnimmt, angespornt durch diesen aus Interesse zur Aufmerksamkeit während des Unterrichtes sich veranlasst fühlen.

Eine andere Ursache des geringen Unterrichtserfolges ist die ungeregelte häusliche Thätigkeit der Schüler. Es ist eine bekannte Thatsache, dass manche Schüler am Beginne des Semesters oder auch im Verlaufe desselben, nachdem sie einmal geprüft worden sind, längere Zeit hindurch ihre Schulpflichten entweder gänzlich vernachlässigen oder denselben nur in sehr oberflächlicher Weise nachkommen, in der Hoffnung, dass es ihnen gelingen werde, später das Versäumte wieder nachzuholen. Dass ein solches Nachholen in den seltensten Fällen gelingen kann, wird um so leichter begreiflich, wenn man bedenkt, dass ein solcher Schüler wegen der vielfachen Lücken, die infolge seiner ungeregelten häuslichen Thätigkeit in seinem Wissen entstehen müssen, nicht die zum Verständnisse des Unterrichtes nothwendige Grundlage besitzt und daher zur Bewältigung des Unterrichtsstoffes eine viel längere Zeit benöthigt, als derjenige, welcher gewohnt ist, regelmäßig mitzuarbeiten; daher kommen dann die Klagen über Überbürdung und schlechte Unterrichtserfolge trotz angestrengten Fleißes — allerdings erst in den letzten Wochen des Semesters. Was können und sollen nun die Eltern in dieser Richtung veranlassen? Zunächst sollen sie dafür sorgen, dass ihre Söhne sich für jede Unterrichtsstunde und zwar nicht erst gegen das Ende des Semesters, sondern während des ganzen Verlaufes desselben gewissenhaft vorbereiten. Jede Unterrichtsstunde erfordert eine dem Gegenstande und der Unterrichtsstufe angemessene häusliche Vorbereitung. Der Fall, dass ein Schüler für irgend eine Lehrstunde nichts zu lernen hätte, aber auch der entgegengesetzte, dass er einen großen Theil der Nacht zu Hilfe nehmen müsste, um sich für den folgenden Tag vorzubereiten, kann bei gesunden Schulverhältnissen nicht vorkommen, und sollte es dennoch geschehen, so mögen die Eltern dieses der Direction vertrauensvoll zur Kenntnis bringen. Auf diese Weise wird mit der Zeit eine gewisse Regelmäßigkeit in die häusliche Beschäftigung der Schüler gebracht, aber auch zugleich die gegenwärtig so häufig angeregte Frage betreffend die Überbürdung der Gymnasialschüler in das richtige Licht gesetzt werden.

Eine Ursache des geringen Unterrichtserfolges ist endlich auch die mangelhafte Überwachung des Verhaltens der Schüler außerhalb der Schule. Die Obhut über das sittliche Verhalten der Schüler außerhalb der Schule, die Überwachung ihrer Lectüre, ihrer Unterhaltungen und Zerstreuungen und vorzugsweise ihres Umganges ist nur zum Theile Sache der Schule; in erster Linie ist sie das Recht, aber auch zugleich die Pflicht der Eltern, beziehungsweise deren Stellvertreter. Allein wegen des mächtigen Einflusses, den das Verhalten der Schüler außerhalb der Schule auf den Unterrichtserfolg übt, ist gerade in dieser Beziehung ein inniges Zusammenwirken von Schule und Haus erforderlich. Es ist sehr wünschenswert, dass sich die Beobachtungen der Eltern über alle sittlich bedeutenden Momente z. B. über den Umgang, über die Lectüre und über die Zerstreuungen der Schüler in offener Mittheilung mit den Lehrern gegenseitig ergänzen, berichtigen und durch ein gemeinsames Wirken kräftigen. Niemanden halte davon die Befürchtung ab, als ob die Lehrer das, was ihnen die Eltern über ihre Söhne im Vertrauen mittheilen, zur Fällung eines ungünstigen Urtheils missbrauchen werden, im Gegentheile wird jedem Lehrer, dem ohnehin ein solcher Missbrauch nur als Verrath an seiner heiligen Pflicht erscheinen müsste, eine solche offene Mittheilung gerade ein Mittel sein, jene Mängel und Fehler bei seinen Zöglingen abzustellen und so deren Erwähnung im Zeugnisse zu verhüten, da dem Lehrer die treue Charakteristik des Schülers im Zeugnisse als Mittel zur Erziehung zwar wichtig, aber die sittliche Heilung der anvertrauten Zöglinge selbst immer als Zweck heilig sein muss. Ebenso ist die Meinung, als sei eine zur rechten Zeit, im Verlaufe und nicht erst am Schlusse des Semesters angebrachte Nachfrage dem Lehrer zeitraubend, unwillkommen und lästig, eine ungerechtfertigte Befürchtung; denn die Zeit, welche der Lehrer dem Verkehre mit den Eltern widmet, wird ihm reichlich eingebracht durch rechtzeitige Besserung, die ihm fruchtlose Ermahnungen und ungünstige Urtheile ersparen wird.

Direction des k. k. I. Staats-Gymnasiums
Graz am 15. Juli 1885.

Dr. Ferdinand Maurer,
Director.